Sam Hess

Ich bin dir so nah!

Geheimnis und Magie der Dualseelen

nymphenburger

INHALT

Einführung 4

DAS WESEN DES MENSCHEN

Ahnen: die Wurzeln unseres Seins 10
Der Mensch hier und drüben 18
Die Beziehung der körperlosen Wesen zur Erde 24
Die Geistkörper 32
Das Reich der Naturwesen 36
Schöpferische Gedankenkraft 38
Von der Natur lernen 42
Vorbilder 46

DAS GEHEIMNIS UNSERER SEELEN

Die Seele auf ihrem Weg 54
Die drei Stufen von Seelenverbindungen 58
Die Seele als Ich oder Du 62
Seelenteile finden 68

BEISPIELE AUS MEINER PRAXIS

Begegnung von inkarnierten Seelenteilen 78
Fallbeispiele 82
Die Seelenpartnerin gefunden 82
Der fremde Mann 87
Ein Jugendfreund kommt zurück 88
Eine verworrene Geschichte 92
Nicht für dieses Leben bestimmt 101
Eine geheimnisvolle Verbindung 104

DIE EIGENE SPIRITUALITÄT ERKENNEN

Lebensfragen, die sich stellen 112
Kontakt mit Geistwesen 116
Seele und Seelenwanderung 126

Register 138
Zum Weiterlesen 140
Dank 140

EINFÜHRUNG

Hatten Sie bei der Begegnung mit einem fremden Menschen auch schon einmal das Gefühl, ihn seit Langem zu kennen? Haben Sie je die Erfahrung gemacht, mit jemandem gedanklich oder emotional zu kommunizieren? Oder haben Sie sich jemals mit einem verstorbenen Menschen so verbunden gefühlt, als wäre er anwesend? Wurden Sie schon in schwierigen oder gar bedrohlichen Situationen von einem Schutzengel gewarnt oder geführt? Wenn Sie eine oder mehrere dieser Fragen mit Ja beantworten, gehören Sie einer darüber oft schweigenden Mehrheit an. Wenn nicht, werden Sie vielleicht einen glaubwürdigen Menschen kennen, dem solche Erfahrungen nicht fremd sind. Selbstverständlich sind solche Phänomene stets subjektiv und können daher nicht auf objektive Weise bestätigt werden. Doch die Tatsache, dass sie als Teil der Kulturgeschichte der Menschheit seit Jahrtausenden bekannt sind, weist über das rein Subjektive hinaus und zeigt, dass sehr wohl etwas dran ist.

Nach dem heutigen Stand der Natur- und Geisteswissenschaften ist uns meist nur ein kleiner Teil von dem, was wir wahrnehmen und was wir sind, bewusst. Das menschliche Bewusstsein reicht aber offenbar weit über unsere alltägliche Anwendung hinaus. Ich denke an Botschaften der »hohen Geistwesen«, auf deren Übermittlungen ich mich seit Jahrzehnten stützen kann, oder Erfahrungen mit Schutzengeln, die mit den Bereichen des Bewusstseins verbunden sind. Der Schleier um das Geheimnis des Lebens und Sterbens, des Diesseits und Jenseits, lüftet sich nur jenen ein wenig, die ihren Geist über viele Jahrzehnte auf die eine oder andere Weise für solche Einsichten geübt haben. Aber wie Arnold Keyserling in seinem Buch *Strahlen der Wahrheit* anmerkt: »Die Geistesgeschichte von der neolithischen Revolution bis zur Gegenwart [...] ist mit der Erkundung des deterministischen Chaos, mit der Entdeckung der Seinsvernunft als Träger des Gewahrseins in der Systemik aller Gegebenheiten der Erfahrung und des Erlebens beendet. [...] Denn wenn das menschliche Subjekt, wie es die Chaostheorie und Fraktalität erweisen, nicht von der Vergangenheit bedingt ist, sondern sich zwischen Gegenwart und Zukunft aus dem Augenblick entscheidet, dann muss auch der Einzelne sich wieder zu den Mächten des Jenseits öffnen, die ihn aber nicht beherrschen, da sie nur die Möglichkeit und nicht die Wirklichkeit bestimmen. Sie sind nicht durch logische Beweisführung zu erfassen, sondern nur dem fühlenden Werten, der freien Entscheidung und dem mathematischen Denken zugänglich.«

So weiß ich dies aus eigener Erfahrung, und ich will nicht das Mysterium um Leben und Tod klären, sondern meine persönliche Sicht des Menschen und seiner Seele sowie ihrer Reise des Lernens und Reifens darlegen. Manches habe ich im Rahmen meiner Arbeit als Geistheiler durch die Berichte Dutzender von Patienten gelernt. Dabei wurden mir in den vergangenen Jahren zunehmend Geschichten von unerklärlichen Verbindungen mit bis dahin unbekannten Menschen zugetragen. So wusste ich schon lange von den verschiedenen Beziehungen zwischen Menschenseelen und machte seit meiner Kindheit selbst zahlreiche eigene Erfahrungen, über die ich auch in meinen Büchern geschrieben habe. Aber erst beim Aufklären der Berichte über diese unerklärlich innigen seelischen Verbindungen wurde ich Zeuge der geheimnisvollen Beziehungen zwischen Menschen mit einer gemeinsamen Seele. Es war vor allem die eigene Erfahrung mit einem identischen Seelenteil, einer Dualseele, die mich zu den Einsichten über die Teilung und das Wiederfinden der Seele führte.

Objektiv sind weder die verschiedenen psychologischen Erklärungsmodelle noch meine Erfahrungen Beweise für oder gegen die »Reise der Seele von der Einheit in die Vielfalt und wieder zurück in die Einheit«, wie ich den unsichtbaren Vorgang hinter dem materiellen Leben bezeichne. Das vorliegende Buch kann und will nicht auf so weite Themenbereiche wie »Seele« oder »Leben nach dem Tod« umfassend eingehen. Ich will mit meinen Einsichten und Erfahrungen sowie den daraus gewonnenen Ausblicken vor allem eines zeigen: Wir sind alle Teil des einen Lebens. Heute bin ich auch vollkommen überzeugt, dass ein Seelenteil nur auf eine höhere Ebene aufsteigen kann, wenn er sich mit den anderen Teilen zu einem Ganzen entwickelt. Diesbezüglich lerne ich immer noch aus der Schöpfung der Natur unserer wunderbaren Erde. Es gehört – zusammen mit dem eigenen Weg – zur Aufgabe, unsere Familie sowie die uns seelisch verbundenen Menschen nach freiem Willen zu unterstützen. Wir sind also hier, um uns zusammen mit unseren Nächsten zu entwickeln. Es gibt kaum eine spirituelle oder religiöse Lehre, die nicht den Sinn des menschlichen Lebens als Vorbereitung auf eine höhere Wirklichkeit oder zumindest eine höhere Wiedergeburt sieht. Es ist ein Versuch, Ihnen mit meinen Gedanken und Geschichten einen persönlichen Einblick in meine Sicht der Erweiterung des Bewusstseins und der Entwicklung der Seele zu geben, Ihre eigene »Welt« zu öffnen.

Die Sphäre des physischen Körpers ist durch den Tod begrenzt, die Sphäre der Seele durch die Probleme zwischenmenschlicher Beziehungen mit Lebenden und Toten. Aber die Sphäre des Geistes, des umfassenden höheren Selbst und der Teilhabe am Göttlichen ist unbegrenzt. Sie umfasst das All-Eine in sämtlichen Aspekten.

Der Faden, der alles zusammenhält

Wie ein unsichtbarer Faden soll etwas die vordergründig unterschiedlichen Lebens- und Themenbereiche dieses Buches verbinden. Es beschäftigt uns tagtäglich, durchdringt alle Lebensbereiche: unsere Beziehungen!

Das Leben ist grundsätzlich ein Geflecht von Beziehungen. Ohne Mikroorganismen, Pflanzen, Tiere und Mitmenschen würden wir weder körperlich noch geistig existieren. Allerdings ist vielen noch kaum bewusst, Teil des biologischen und seelisch-psychischen Lebensgewebes zu sein. Ebenso wenig bekannt sind die zahlreichen wissenschaftlichen Forschungsergebnisse, die darauf hinweisen, dass unsere Ich-Persönlichkeit das Ergebnis unzähliger Einflüsse ist. Jeder Mensch trägt das genetische Erbe der Menschheit in sich, geformt von den persönlichen Vorfahren, geprägt während der ersten sieben Jahre seiner Kindheit und gelenkt von der gesellschaftlichen und kulturellen Umwelt. Was wir als »Ich« bezeichnen, als die Person, die wir zu sein glauben, verändert sich ständig und besteht, meiner Erkenntnis nach, bei »alten Seelen« aus bereits zahlreichen zusammengeschlossenen Seelenteilen.

Die Antwort auf die Frage, ob das umfassende Beziehungsnetzwerk des Lebens von Göttinnen gewoben wird, wie es die ältesten Mythen darstellen, von einem Gott geschaffen wurde oder sich im Laufe der Evolution entwickelte, liegt jenseits unseres Vorstellungsvermögens. Ich bezeichne dieses Ganze als die ungeteilte oder ursprüngliche Seele, von der die Vielfalt der Einzelseelen ausgeht. Eben auch wieder analog dem Bild unserer Natur. Das altgermanische Wort »saiwaz« hat die Doppelbedeutung von »See« und »Seele«. Aus meiner Sicht ist der See die Seele, die Wassermoleküle sind die Seelenteile. Es gibt Hinweise darauf, dass sich Wassermoleküle zu Ketten verbinden (eine einfache Auswirkung zeigt sich darin, dass

Wasser in einem Baum auf jede Höhe bis zur Spitze nach oben »klettern« kann). Diese sogenannten Cluster sollen biologische Informationen in sich tragen, vergleichbar mit einem elektronischen Speicherchip. Deswegen spreche ich in diesem Zusammenhang vom Zusammenkommen verschiedener Seelenteile zu einem höheren Ich-Bewusstsein mit einem entsprechend erweiterten Wissen und Können. Damit haben wir die Möglichkeit, das Leben zu gestalten, anstatt uns anzupassen. Dazu, und dies betone ich seit Jahren immer wieder, muss der Wille entwickelt werden, die verschiedenen Teile der Psyche, wie die Seele bei den alten Griechen hieß, gewissermaßen unter einen Hut zu bringen.

Die Bedeutung der Kraft der Gedanken, des Willens und Wollens lernte ich bereits als Kind und Jugendlicher kennen. Wie Generationen meiner Vorfahren lebte ich mit den Gefahren der Berge. Steinschlag, Lawinen, Bergstürze, Hochwasser führende Bergbäche, Erdrutsche und Ertragsausfälle wegen der rauen Klimaverhältnisse waren keine Ausnahmen. In meinem von steilen Flanken umgebenen Tal der Zentralschweizer Alpen waren die Menschen noch viel länger und unmittelbar aufeinander angewiesen und halfen einander in Not, als dies in flacheren Landesteilen üblich war. Berge, und das ist auch heute noch deutlich spürbar, prägen die Menschen, die da wohnen und leben.

Die Verbundenheit der Gemeinschaft und der Familie hat mein Menschenbild nachhaltig geprägt. Manche von ihnen »wussten«, ob und wo ein Familienmitglied in Gefahr geraten oder jemand im Dorf soeben »gegangen« war. Einige konnten die Geistwesen der Verstorbenen spüren oder gar sehen, und auch die geheimnisvollen Wesen der Natur waren ihnen nicht fremd. So wuchs ich ebenso ungezwungen mit scheuen Wildtieren auf wie mit Geistern, Naturwesen oder Schutzengeln. Meine, für manche vielleicht besonders anmutende, Kindheit und Jugend führte mich schließlich auf die Suche nach dem, was die Menschen untereinander, mit der Natur und mit den Jenseitswelten verbindet. Nicht umsonst wählte ich schließlich den Beruf des Försters, obwohl dies in meiner Jugend nie ein Thema war. In diesem Buch will ich Ihnen einen erweiterten Einblick geben in das, was ich auf meiner jahrelangen Suche gefunden, gesehen, gehört und vor allem erlebt habe.

Sam Hess

Das Wesen des Menschen

Als Individuum, als »Ich« in dieser Welt, sind wir nicht nur Körper, sondern reiner Geist und verbunden mit der umfassenden Einheit des Universums. So können wir Kontakt mit der Natur, die uns umgibt, aufnehmen und von ihr lernen, unser Werden, Vergehen und Wiederentstehen zu begreifen.

AHNEN: DIE WURZELN UNSERES SEINS

DIE ORDNUNG DER NATUR

Als Mensch, der jahrzehntelang im Wald gearbeitet hat und die Natur intensiv beobachtet, habe ich gelernt zu verstehen, was all die Erfahrungen und Erlebnisse, das Sehen und Erkennen mir vermitteln wollen: In der Schöpfung hat alles seine Ordnung, seinen Platz und seine Berechtigung.

Wenn wir von Unkraut sprechen, meinen wir in unserer Unkenntnis, Pflanzen ausreißen zu müssen, die aber gerade an diesem Platz in der Natur ihre Aufgabe zu erfüllen haben. Der Mensch teilt Pflanzen ein in gut und schlecht, brauchbar und unbrauchbar, und erkennt dabei oft nicht, dass er eben eine Pflanze, die genau an diesem Platz zu seiner eigenen Heilung gewachsen ist, als Unkraut aus der Erde reißt und achtlos wegwirft. Dafür holt er sich dann in der Apotheke eine Schachtel Tabletten, in de-

Jede Pflanze braucht, ebenso wie der Mensch, ihren für sie richtigen Platz und bestimmte Bedingungen, um wachsen und gedeihen zu können.

nen genau dieselben Wirkstoffe enthalten sind wie im ausgerissenen »Unkraut«.

Pflanzen kommen nicht einfach irgendwo zum Erblühen. Sie brauchen den passenden Standort. So gibt es Pflanzen, die sich an verschiedensten Standorten wohlfühlen, während andere nur an ausgewählten Plätzen vorkommen und ganz bestimmte Bedingungen brauchen, genau die richtigen Verhältnisse benötigen, angefangen beim Boden bis hin zu Licht und Wärme. Hat eine Pflanze nicht den für sie richtigen Standort, gedeiht sie nur mühsam oder gar nicht, während sie bei optimalen Bedingungen zur vollen Blüte kommt, das bedeutet, die in ihr angelegten Möglichkeiten voll entwickeln und Früchte tragen kann.

DER MENSCH ALS TEIL DER NATUR

Beim Menschen verhält es sich nicht anders. Nur glauben wir es nicht oder denken – und das ist der Kern der Sache –, man könne sich immer und überall einrichten. Unser Körper ist jedoch nichts weiter als ein Teil der Natur, des materiellen Seins. Er untersteht damit in allem den gleichen Naturgesetzen, die auch für Pflanzen lebenswichtig sind. Für Tiere gilt dasselbe.

Die Ursachen von körperlichem Unwohlsein und Krankheiten sind fast immer im eigenen Umfeld zu suchen. Wir haben die freie Wahl, Körper und Geist das zu geben, was sie wirklich brauchen, um gesund zu sein und sich gut zu fühlen. In den vergangenen Jahrzehnten haben wir es geschafft, uns zunehmend in Situationen und Konstellationen zu bringen, die den Geist krank machen und damit auch unserem Körper schaden. In den Sachzwängen unseres selbst eingerichteten Lebens gefangen, glauben wir, es sei nun einmal so und man könne daran kurzfristig nichts ändern. Das führt zu immer schwereren Krankheiten, die man dann dank der hoch entwickelten Medizin zu heilen versucht. Aber nach den Ursachen, der Wurzel allen Übels – beim eigenen Ich – wird nicht geforscht. Diese Erfahrungen durfte ich in meiner Arbeit als geistiger Heiler immer wieder machen. Wo ist der Fortschritt, wo die Zukunft der Menschen?

Damit zurück zum Thema Pflanzen, zu einem Baum, seinen Wurzeln, seinem Wachstum und Gedeihen. Ein Baum muss seinen Platz besonders sorgfältig wählen, denn er will dort alt werden. In all den folgenden Jah-

Bäume sind ein Symbol für unsere Ahnen: im Guten wie auch mit manch einer Wunde.

ren wird vieles geschehen, was sein Leben prägen wird. Aber schließlich steht er da, mächtig und groß. Jahrzehnte hat er bereits hinter sich, Jahreszeiten, Menschen, Generationen gehen an ihm vorüber, doch er steht fest an seinem Platz.

DER STAMMBAUM

Symbolisch hat ein uralter Baum viel mit der langen Reihe unserer Vorfahren zu tun. Nicht umsonst nennt man eine Ahnentafel auch »Stammbaum«, denn aus dem Stamm der Familie wachsen ihre Äste und Zweige. Und so, wie am Baum die Blätter hängen, leben wir für eine kurze Zeit. Ein Baum braucht zum Gedeihen eine kräftige, eine für sein optimales Wachstum ausreichende Wurzel. Sie ist einerseits Rückhalt oder Verankerung und andererseits Quelle seiner Nahrung. Der Stamm ist der wachsende Teil, das Stützwerk für alle Äste und Zweige. Wenn wir dieses Bild nun auf unsere Ahnentafel umsetzen, erkennen wir, wie von unseren Urahnen – den Wurzeln – je nach Familiengröße ein riesiger Stamm hochsteigt, um sich schließlich in immer mehr Verzweigungen und Vergabelungen auszubreiten. Dieses Bild ist insofern wichtig, als wir uns selbst am Ende eines der äußersten Zweige als Blatt erkennen dürfen. Dort ist der eigene Name festgesetzt, und wenn danach die eigenen Kinder Nachwuchs haben, wird man selbst zum Ast und irgendwann zu einem Stamm der Enkel, Urenkel und Ururenkel.

Schauen wir uns nun einmal dieses Blatt am äußersten Zweig an, das uns symbolisch als Person darstellt. Wir stehen im jetzigen Leben vielleicht am Anfang, mittendrin oder schon im obersten Teilstück. Noch haben wir die Möglichkeit, uns zu verändern. Doch wenn wir einmal diesen Körper verlassen haben, dann steht unser Name unverrückbar da. Wir fallen ab wie das Blatt und werden zum Zweig. Dieses Blatt hat, nach meiner mystischen Betrachtung, einen besonderen Stellenwert, es nimmt eine besondere symbolhaltige Rolle ein.

In diesem Bild kann ein Blatt als Körper des Menschen betrachtet werden. Der Baum bringt es im Frühjahr hervor, worauf es sich aus der Knospe schält. Unser körperliches Leben beginnt bei der Zeugung, wird durch die Mutter geboren, entwickelt sich und wächst zur vollen Größe heran. Nach einer gewissen Zeit wird es für das Blatt Herbst, für unseren Körper naht das Lebensende. Das Blatt lässt seine Kraft zurück in den Ast fließen, dann in den Stamm und schließlich in die Wurzel. Blatt wie Körper gehen als Materie wieder in den Kreislauf der Natur ein. Beide gab es einmal: das eine als ausgewähltes Blatt, den anderen als einen in der Geschichte festgehaltenen Körper, als Bild der Vergangenheit. Beide waren während ihrer kurzen irdischen Lebensphase wichtig und wertvoll.

DIE GRUPPENSEELE

Das Blatt hat seine Lebenskraft an die Wurzel zurückgegeben. Ohne sie wäre es nie entstanden, hätte es gar nicht leben können. Genauso verhält es sich mit uns Menschen. Als Geistwesen, das aus dem jenseitigen Ganzen kommt, übernimmt der Mensch für eine kürzere oder längere Zeit einen Körper. Er kann ihn aber nur übernehmen, wenn ihm die Möglichkeit durch zwei sich verbindende Menschen, also verkörperte Geistwesen, gegeben wird. Am Ende unseres materiellen Daseins entschwindet der Geist, also wir, wieder aus dem physischen Körper.

Wir sind aber nicht allein, denn wir haben eine innere Verbindung zu unseren Ahnen, die ein Teil unseres Geistes sind und an deren Geist wir einen Anteil haben. Ich nenne diese Verbindung eine »Gruppenseele«. Als Individuen haben wir unsere eigenen Aufgaben zu lösen, doch ohne unsere Gruppenseele können wir niemals wirklich weiter aufsteigen. So tragen wir auch Verantwortung für unsere Ahnen und unsere verwandten Seelenteile. Wir müssen darum besorgt sein, dass jede einzelne Geistseele in ihrer Aufgabe weiterkommt. Es versteht sich von selbst, dass die anderen Individuen genau dieselbe Aufgabe haben.

In diesem Sinn haben unsere Ahnen einen wichtigen Anteil an unserem Lebensweg. Es ist ein gegenseitiges Geben und Nehmen, Wachsen und Aufsteigen. Das eigene Ego hat hier keinen Platz. Und genau dies geschieht bei den Pflanzen seit Tausenden von Jahren. Ich habe in meinem letzten Buch *Die Welt der Naturgeister* anschaulich über diese Gesetzmä-

INKARNATION

Inkarnation ist ein Begriff aus dem theologischen Bereich und steht für die immer in einen Körper wiederkehrende Seele. Nicht nur das Christentum, auch der Buddhismus oder Hinduismus kennen die Inkarnation. Sie ist so verstanden eine uns gegebene Möglichkeit, sich unbeschränkt in einer sich stetig bildenden Weisheit höher zu entwickeln.

ßigkeiten unserer Natur geschrieben. Von den Naturgeistern können wir lernen, was wirkliche Demut und Liebe bedeuten.

Sich gegenseitig zu helfen heißt, sich in jeder Inkarnation gemeinsam mit seinen engsten Verwandten, seiner Familie, zu entwickeln und zu wachsen. Doch manchmal gehen Dinge auch einfach zu Ende: Lebenswege, Beziehungen. Der körperliche Tod entzweit die hier anwesenden Seelen von den jetzt in der »Anderswelt« lebenden. Diese Seelen beenden ihren Reifeprozess, das heißt, sie suchen ihren eigenen Weg. Sie entfernen sich für einen kürzeren oder längeren Zeitraum von uns, den Seelen, mit denen sie eine Zeit lang ihren Weg auf dieser Erde gemeinsam gingen. Und unvermittelt stehen wir vor einem riesigen Scherbenhaufen. Es braucht dann Menschen im irdischen Dasein wie auch Helfer aus der geistigen Welt, die uns auffangen, uns helfend zur Seite stehen und uns trösten. Vielleicht durchleben wir eine Zeit der Trauer, doch danach kommt eine neue Zeit. Jeder Neuanfang ist mit Ängsten und Ungewissheit verbunden. Und wiederum sind es die helfenden Kräfte, ob im Diesseits oder Jenseits, die uns mit Rat und Tat zur Seite stehen.

LEBEN: EIN BEZIEHUNGSGEFLECHT

Es ist unsere Aufgabe, viel mehr Vertrauen zu all dem, was da ist, aufzubauen. Bewusst wahrzunehmen, dass wir in ein Netz eingebunden sind, auch wenn wir es nicht direkt spüren oder erkennen. In diesem Netz helfen wir uns gegenseitig und entwickeln dadurch die ganze Gruppe der gegenwärtig inkarnierten Seelen unserer Sippe.

In den Jahren, die der Mensch hier auf der Erde lebt, hat er, was den Tod betrifft, einen großen Rückschritt gemacht. Dieser war früher ein Bestandteil des irdischen Lebens. Durch fortschreitende Entwicklung einer – uns heute beherrschenden – Pharmaindustrie entstand ein wahrer Kampf gegen diesen »furchtbaren« Tod. Und so unternimmt der Mensch heute alles, um sein körperliches Dasein zu verlängern. Aber zu welchem Preis?

Die Tatsache, dass die meisten Menschen ihren eigenen feinstofflichen Körper nicht wahrnehmen, ja gar nichts von seiner Existenz wissen, weist auf den großen qualitativen Abstand zwischen diesem und dem materiellen Körper hin. Von ihren drei der Erde zugehörenden Körpern nehmen die meisten Menschen nur den physischen wirklich bewusst wahr. Darin liegt meiner Meinung nach der Hauptgrund, dass Geistwesen wiederum nur den Körper, so wie er sich auf ihrer momentanen Ebene präsentiert, erkennen. Sie wissen oft gar nicht mehr, dass sie einen grobstofflichen Körper besessen haben. Wenn man sich jedoch die Eigenschaften des feinstofflichen Körpers vor Augen hält, wird es um etliches leichter, außerkörperliche Nahtoderfahrungen und die Vorgänge beim Verlassen des Körpers zu verstehen.

Der Mensch kann nicht nur auf der irdischen Ebene für die Gruppenseele sorgen, sondern teils auch von dieser Ebene aus auf die Jenseitsebenen Einfluss nehmen. Dies geschieht jedoch nicht in der klaren Wirkungskraft, mit der die Jenseitsebene auf unsere irdische einwirken kann. Einerseits haben wir durch Meditation oder im Falle entwickelter Seelen durch bewusste Seelenreisen die Möglichkeit, in die geistige Welt einzutreten; andererseits können wir auch kraft unserer Gedanken viel mehr für unsere in Zwischen- oder Jenseitswelten weilenden Ahnen tun, als wir dies bislang angenommen oder geglaubt haben.

Die Natur zeigt uns eine Gemeinschaft, in der jeder Teil im ständigen Werden und Vergehen ist, stets im Austausch sich gegenseitig ergänzender Kräfte.

Für viele »Verstorbene« ist es äußerst schwierig, sich in den jenseitigen Welten zurechtzufinden, denn Geistwesen werden auch mit anderen Sinnen wahrgenommen, und es herrschen dort andere physikalische Gesetzmäßigkeiten. Umherirrende Geistwesen können durch uns, die wir im Diesseits sind, im Jenseits direkt angesprochen werden. Dies ist ein erster Weg, ihnen zu helfen, und gleichzeitig ein sehr wertvoller und einfacher. Denn Geistwesen können uns sehr wohl hören und ebenso verstehen, auch wenn sie nicht konkret wissen, wie man sich in dieser physischen Welt bemerkbar macht. Dann helfen selbstverständlich Gebete – eine bewusst gesprochene Kraft, die man über die hohen geistigen Wesen in diese Anderswelt wirken lässt.

KOMMUNIKATION MIT DEN AHNEN

In der Jenseitswelt können wir unseren Ahnen ausschließlich durch gute, kraftvolle und positive Gedanken helfen, da wir ja über diesen Weg mit ihnen kommunizieren können. Vorausgesetzt, der im Jenseits lebende Geist sucht und will diese Verbindung mit uns ebenso aufnehmen – dies jedoch nicht auf emotionaler Ebene, sondern rein telepathisch, eben durch die Kraft der Gedanken.

Es gibt aus dieser Sicht auch keine Hierarchien mehr. In der jenseitigen Welt nehmen wir unsere Ahnen, oder man kann auch sagen, die uns zugehörenden Seelenteile, als Energie war. So spielt es keine Rolle mehr, ob wir im Jenseits dem Vater, der Urgroßmutter, einem verstorbenen Kind oder sonst jemandem aus unserem Seelenkreis begegnen. Es ist Geistenergie, die wir als uns zugehörend erkennen und derer wir gewahr werden. In einer neuen Inkarnation hat also jeder dieser Seelenteile, die im Jenseits als Einheit zusammen sind, wieder die Möglichkeit, in einer weiteren Bestimmung seiner Berufung folgend, eine gezielte Aufgabe in der materiellen Welt zu übernehmen. Diese weitere Bestimmung geben wir uns selbst, indem wir ungelöste oder unerlöste Aufgaben unseres Ichs bewusst angehen. Oft auch mit dem Ziel, den zurzeit ebenfalls auf der Erde weilenden Gruppenseelenteilen hilfreich zur Seite zu stehen oder diese etwas lernen zu lassen. So kommen wir als Schüler oder Lehrer, als Lernender oder Ausbilder.

Aber immer geht es darum, im Kreis unserer Ahnen oder eben als Gruppenseelenteil dafür zu sorgen, dass es nicht nur uns selbst gut geht, man nicht nur selbst in Weisheit wächst, sondern als klares Ziel gilt, für die Gemeinschaft, für das Ganze zu arbeiten. Jeder Teil der uns zugehörenden Seelenverwandtschaft muss sich also auf den gleichen Stand hinaufschwingen. Dadurch erfolgt letztlich der wirkliche Aufstieg: als Ganzes zu einer höheren Ebene. Und trotzdem bleibe ich auch immer als Teil ein Individuum, da ich nur in dieser Energieebene, in einer Inkarnation, persönlich etwas vollbringen kann.

Und damit sind wir wieder bei meinem geliebten Baum. Der aus dem Blatt zurückfließende Saft geht zur Wurzel, um von da wieder aufzusteigen und im folgenden Jahr einem neuen Blatt zur Verfügung zu stehen. Unsere Inkarnation folgt somit auch zwingend immer aus einem Ganzen, zu dem wir, zugegeben oft über viele Umwege, schließlich wieder zurückkehren. Als Teil eines Ganzen, das als weiterer Teil eines Nächsthöheren steht. Anhand des Baumbeispiels ausgedrückt: Der alte Baumgeist wird beim Sterben »seines« Baumes diesen verlassen und in die Gesamtheit einer »Überseele« des Waldes eingehen.

Alles in der Schöpfung zeigt uns das eigene Leben, unseren Lebensweg, so anschaulich und bebildert auf. Warum glaubt der Mensch immer, er sei etwas ganz anderes? Warum erkennt er sich in dieser wunderbaren Gestaltung seiner Natur nicht selbst? Ist uns das alltägliche Bild, das wir in der Schöpfung sehen könnten, es aber nicht tun, zu nah, zu einfach, um unser eigenes Werden, Vergehen und Wiederentstehen zu begreifen?

Den ewigen Kreislauf der Natur zu betrachten kann uns helfen, unseren eigenen Lebensweg besser zu verstehen.

DER MENSCH HIER UND DRÜBEN

DIE ENTWICKLUNG DES MENSCHEN

Die wissenschaftlichen Erklärungen der Frage, wie und wann der Mensch in seiner jetzigen Form auf der Erde aufgetaucht ist, lassen uns immer wieder über die vorgelegten Beweise staunen. Seit Menschengedenken fanden kluge Köpfe Wahrheiten und Tatsachen, die später zum großen Teil widerlegt und durch neue ersetzt wurden. Was ist also von den Erkenntnissen der Wissenschaft zu halten, was kann man nun wirklich glauben? Was die komplexen Vorgänge des Universums und seiner Entstehungsgeschichte betrifft, ist noch viel mehr unbekannt als bekannt. Und dies wird auch weiterhin so bleiben.

Die Wesenheiten des Kosmos bilden eine einzige große Familie. Die Abgeschlossenheit der Weltbilder der Fischezeit, so wie die eigene Menschwerdung, steht nicht mehr im Vordergrund. Das Wirken des Menschen als kosmisches Individuum verlangt die Beziehung zu den Ahnen als Lehrer der Menschheit, zu den Naturgeistern – ihren Werken –, den Helfern im täglichen Leben, um Mut und Ausdauer, Heiterkeit und Erfolg zu haben. Es verlangt ebenso die Beziehung zu den Engeln, den Boten aus der Zwischenwelt, Mittler zwischen dem Endlichen und Ewigen, und letztlich den Mächten des kosmischen Zusammenspiels, den Wirkkräften im Wandel als Inspiration im allumfassenden Tun.

Woher kommt der Mensch wirklich? Dieses Thema soll hier aus der Sicht der höheren Geistwesen angegangen werden. Sie wissen, was sie tun, und brauchen dafür ebenso wenig Beweise wie wir für unser Wirken. Da Geistwesen nach wissenschaftlicher Sicht nicht existieren, ist es auch nicht möglich, dass sie der Wissenschaft von anderen Welten oder Dimensionen der Wirklichkeit berichten können. In näherer Zukunft werden vermutlich Vorgänge wissenschaftlich belegt werden können, von denen heute noch niemand zu wissen scheint. Niemand? Doch, es gibt »sehende Menschen«, welche die Botschaften der Geistwesen weitergeben. Wer in die gleiche Richtung weisende eigene Erfahrungen gemacht hat, kann den Inhalt dieser Botschaften nachvollziehen und verstehen. Ich spreche hier von »Sehenden«, die wirklich ein umfassenderes Wissen

haben und deren Aussagen von der jenseitigen Ebene bestätigt werden. Das sind Menschen, die über viele Inkarnationen höhere Bewusstseinsebenen erreicht haben, wie die geistigen Meister und Meisterinnen vor ihnen.

Es gibt nicht nur unser Erdenleben, das Irdisch-Materielle, sondern auch die Welt des reinen Geistes.

Ich durfte bislang schon zweimal mit Genugtuung erfahren, dass Informationen, die ich vor über vierzig Jahren als Botschaften erhielt und derentwegen ich von »Fachleuten« belächelt wurde, heute zum wissenschaftlichen Standard gehören. So wusste ich zum Beispiel schon in meiner Ausbildung zum Förster durch Beobachten und intensiven Kontakt zu Naturwesen im Wald, dass Bäume über ihr Wurzelwerk miteinander kommunizieren. Diese Tatsache wurde Jahre später bewiesen. Ich wusste, dass eine unbeschreibliche Intelligenz das Wirken der Pflanzen lenkt. Das hat mir Mut gegeben, auf meinem Weg unbeirrt vorwärtszugehen. Auch was ich heute erzähle, wird vielleicht morgen von Wissenschaftlern erkannt und bald schon gelehrt werden.

DER PHYSISCHE KÖRPER

Die Entwicklung des Menschen verläuft meiner Ansicht nach auf zwei völlig getrennten Ebenen. Einerseits gibt es die Ebene des ewigen Geistes oder Geistwesens und andererseits die Ebene des physischen Körpers. Auf beiden Ebenen befinden wir uns in einem, wenn auch unterschiedlich gearteten Lernprozess. Unsterblichkeit auf physischer Ebene ist nicht möglich, denn was einen Anfang hat, muss zwingend auch ein Ende finden. Der Körper folgt, von der Geburt über Wachstum und Verfall bis zum Tod, den Gesetzen des physischen Universums. Ein einsichtiges, aufgeklärtes Wesen kann also nicht den Wunsch hegen, beständig denselben Körper zu behalten. Dies wäre gerade so, als wollte ein Mensch während seines ganzen Lebens dieselben Kleider und Schuhe tragen.

Mit der geistigen Entwicklung des Menschen gestalten und ändern sich auch die Körper, die er im Laufe seiner Inkarnationen annimmt und aufbaut, immer reiner, tugendhafter und immer mehr den Bedürfnissen seiner wachsenden Fähigkeiten angepasst. Könnte er seinen einen Körper über eine längere Zeitdauer behalten, würde seine geistige Entwicklung, sein Wachstum, erstickt. Das ist mit ein Grund, weswegen wir unseren irdischen Körper nach einer gewissen Zeit wieder verlassen. Besonders interessant dabei ist, was ich in der Numerologie (der Lehre der Zahlen) nach langen Berechnungen entdeckt habe: Das Geburtsdatum ist auch der Schlüssel zum irdischen Ende unseres physischen Körpers. Wohl kann man dies heute mit der modernen Medizin verändern, aber, wie mittlerweile allseits bekannt, oft mit negativen Folgen.

GESUND UND ACHTSAM LEBEN

Wir müssen unseren Körper trotzdem mit größtmöglicher Sorgfalt behandeln und dürfen ihn, neben den weltlichen materiellen Bedürfnissen, nicht durch belastende und negative Denkmuster schädigen. Der physische Körper darf nicht gequält werden, deshalb kann man auch nur ein gewisses Maß an Arbeit leisten. Dies gilt sowohl für geistige wie auch körperliche Arbeit. Eine ständige Überforderung, ob durch körperliche Arbeit, sportliche Betätigung oder geistige Anstrengung, schadet ihm. Selbst in der Meditation ist auf eine bequeme Lage des Körpers zu achten, anderenfalls erinnert er uns fortwährend an seine Bedürfnisse und unterbricht unsere geistige Vertiefung, unser Eingehen in die inneren Ebenen unseres Seins.

An dieser Stelle will ich kurz auf unsere Nahrung eingehen. Grundsätzlich haben wir die Wahl zwischen zwei unterschiedlichen Wegen: einer

ERNÄHRUNG

Es ist ja generell so, dass ich meinen physischen Körper nicht »nähren« soll – im Sinn der Nahrungsmittelindustrie – sondern durch Lebensmittel »informieren«. Das heißt, jede in der freien Natur gewachsene Pflanze leitet meinem »irdischen Fahrzeug« Informationen zu, die meine Zellen im Körper benötigen. Dadurch kann der ganze Organismus in harmonischer Schwingung gehalten werden, was zur körperlichen Gesundheit wesentlich beiträgt. Es ist nicht die Menge entscheidend, die ich meinem Körper zuführe, sondern wirklich die Information. Und diese wichtigen Informationen sind in allen Pflanzen, im Wasser und auch in der Atemluft vollumfänglich enthalten. Aber eben nur, wenn sie mit allen Elementen uneingeschränkt verbunden sind. Also nicht in gentechnisch veränderter Nahrung!

Ernährung mit oder einer ohne Fleisch. Ich selbst habe letzteren Weg vor jetzt über fünfundzwanzig Jahren eingeschlagen. Mit Gemüse, Früchten und Getreide hat unser Körper bereits eine ansehnliche Palette an Nahrungsmitteln, die er auch sehr gut verwerten kann. Nach meiner jahrzehntelangen Erfahrung bin ich überzeugt, dass vegetarische Kost vorzuziehen ist. Sie enthält bedeutend mehr Nährwerte, senkt die Anfälligkeit für Krankheiten und stärkt den Körper. Die Tatsache, dass vegetarische Ernährung unsere niedrige Natur weit weniger anregt als der Verzehr von Fleisch, interessiert vielleicht geistig, spirituell erwachte Menschen. Wer seinen Körper nur mit pflanzlichen Stoffen ernährt, kann leichter seine höheren Fähigkeiten des geistigen Wachstums entwickeln. Ich konnte an mir beobachten, wie mein »Sehen« durch die vor langer Zeit vollzogene Umstellung auf vegetarische Kost verstärkt und erweitert wurde.

Aufgestiegene Meister, die uns als Vorbild dienen, können ihren physischen Körper um etliches länger erhalten als jeder andere Mensch, denn sie leben in Übereinstimmung mit den für die Gesundheit wichtigen Gesetzen. Zudem halten sie alle Kümmernisse und unnötigen Ängste von sich fern. Dies ist ein lohnender Ansatz für unsere eigene Gesundheit. Ich werde jedoch auch oft den Gedanken nicht los, dass der Versuch, den Körper so lange wie möglich zu erhalten, auf reiner Selbstsucht gründet. Wohin diese medizinischen Anstrengungen führen, zeigen die überfüllten Alters- und Pflegeheime. Lässt man den Körper nicht los, wird der Geist zu seinem Diener und bleibt eingeschlossen in einer weitgehend nutzlosen physischen Hülle gefangen.

Gerade die jetzige Zeit einer beinahe alles lahmlegenden Pandemie zeigt das deutlich auf. Ältere Menschen – körperlich durch die moderne Medizin am Leben erhalten – sind plötzlich sogenannte »Risikogruppen«. Ist es verwunderlich, dass ein alter, verbrauchter Körper anfällig auf Viren und Bakterien aller Art reagiert? Dass die Sterblichkeit steigt? Und nun

DER IRDISCHE LEIB

Ein **physischer**, ein **Astral-** sowie ein **Mentalkörper** bilden den sogenannten »irdischen Leib« eines Menschen. Nach dem Tod des physischen Körpers »erlischt« diese Dreiheit, da sich der immerwährende lebendige Teil – also das »Ich bin« aus dem materiellen Teil zurückzieht. Verlässt ein Mensch diese Erde, wird er nicht mehr wahrnehmbar sein. Bleibt er hingegen in dieser materiellen Ebene der Erde, bildet er einen **»ätherischen Leib«**. Dies ist der Grund, dass der »Verstorbene« weiterhin klar und deutlich »gesehen« werden kann. Da er mit seinem immer noch stark erdgebundenen Körper weiterhin unter uns weilt, nehmen wir ihn auch energetisch wahr. Der Grund: Der ätherische Körper muss weiterhin »genährt« werden. Deswegen können uns »Geistwesen« energetisch »absaugen«. Wir spüren das in unserer Lebensenergie.
Drei weitere, rein geistige Körper bilden dann den **Astralleib** oder Lichtkörper außerhalb des Materiellen. Das wahre »Ich bin« oder die Seele. Wiederum in der eigenen Entwicklung, daher auch in Dreiheit vorhanden.

werden diese alten Menschen aus »Fürsorge« isoliert und in den schlimmsten Fällen in Zimmern von Heimen eingesperrt. Ist dies das wahre Ziel, mit seinem Körper »alt« zu werden?

Auch das Tabakrauchen oder der Konsum von diversen Drogen hat eine erhebliche Wirkung auf den physischen, den astralen und den mentalen Körper. Die Schäden am physischen Körper sind mittlerweile hinlänglich bekannt. Der Tabak, als Suchtmittel angewendet, durchdringt den Menschen physisch mit unreinen Partikeln, die eine materielle Ausdünstung haben. Sie können deswegen sogar durch den Geruchsinn wahrgenommen werden. Doch Tabakrauch führt auch dem Astralkörper unreine Stoffe zu und hat die Tendenz, feinstoffliche Energieschwingungen abzutöten. Dies ist sicher der Grund, weshalb man immer wieder behauptet, dass er die Nerven beruhige. Soviel ich weiß, ist das Rauchen von Tabak die einzige Gewohnheit, die der Mensch selbst dann beibehält, wenn er genau weiß, dass er andere damit belästigt, ja direkt schädigt. Die Tabaksucht ist offensichtlich so stark, dass Raucher außerstande sind, sich ihr zu widersetzen. Nach meiner Erfahrung hat Nikotin nach dem Verlassen des materiellen Körpers zudem auch eine negative Wirkung auf den astralen Körper. Dieser ist dann für lange Zeit wie in einem Gefängnis eingeschlossen, was verhindert, dass höhere Schwingungen zu ihm gelangen können.

DER GEISTKÖRPER ODER DIE GEISTSEELE

Während sich der Körper durch all die Jahrhunderte immer wieder den Gegebenheiten der Natur anpassen musste und immer noch muss, kann die Geistseele aus der Tiefe ihres Nichtverstehens schrittweise aufsteigen, um schließlich wieder all das an Verständnis zu gewinnen, was tief im Innern ihres Bewusstseins schon einmal erkannt war. Während der Wanderung durch zahlreiche Ebenen des Lernens und des Erfahrens durchläuft der Mensch eine schier endlose Schulung. Zwar muss diese jedes Individuum selbst absolvieren, der Mensch ist aber dennoch nicht allein, denn er ist in einem weiteren Kreis mit allen anderen flüchtig oder dauerhaft verbunden. Auf diesem Weg nehmen wir alle Gelegenheiten wahr, uns immer wieder in andere Ebenen des materiellen Lebens »einzugeben«, das heißt durch bewusstes Leben Erfahrungen zu sammeln und Erkenntnisse zu gewinnen, die über das Irdisch-Materielle hinausgehen. Dadurch lernen wir unsere unzähligen Möglichkeiten kennen. Und immer wieder gehen wir zurück in die anderen Welten, wo wir uns als reiner Geist ebenso bilden und weiterentwickeln.

Es ist auch interessant, dass die Menschen seit Jahrtausenden glauben, sich ihren physischen Leib als die eigentliche Schale einer unsichtbaren, feinen Verkörperung des geistigen Lebens vorstellen zu können. Jede Kulturepoche stellt hierzu ihre eigene Vermutung an, dies eben in unterschiedlicher Vorstellung. In der gegenwärtigen Zeit, durch die augenfällige Öffnung unseres verstaubten Weltbildes, wird es aber immer offensichtlicher, dass die physischen, psychischen und biologischen Aktivitäten des Menschen eine unteilbare Realität bilden. Dabei ist alles so eng miteinander verwoben, dass wir durch willkürliches Auswählen einer dieser Ansichten keine wirklich vermittelnde Antwort auf die Frage nach der Natur der gesamten menschlichen Persönlichkeit geben können.

Wir leben in einem perfekt erschaffenen Universum. Man kann deshalb darüber streiten, ob die Eingriffe in die Gesamtheit unserer Natur, des Menschen, der Tiere und Pflanzen, wirklich nützlich sind. Aus der zurzeit herrschenden Sicht vieler Menschen kann durch Forschung manches verbessert werden. Zunehmend werden aber auch die unheimlichen Seiten einer ungebremsten Entwicklung erkannt, wie etwa bei der Nutzung des Atoms, wo Probleme der Reaktorsicherheit oder der Entsorgung bisher nicht gelöst werden konnten. Hier muss man sich ernsthaft fragen, ob dies wirklich unseren Zwecken dient und zu welchem Preis. Der Mensch müsste sein irdisches Leben als neue Aufgabe sehen, den wahren Sinn seines Daseins zu erkennen. Einen klaren Grund, was die wirkliche Aufgabe unseres Besuches hier auf dieser Erde ist, beschreibe ich im Buch *Die Welt der Naturgeister*.

DIE BEZIEHUNG DER KÖRPERLOSEN WESEN ZUR ERDE

ALS GEISTWESEN WEITERLEBEN

Wenn Menschen ihren Körper, ihr irdisches »Fahrzeug« aufgeben, treten sie ihre Weiterreise als Geistkörper an. Viele von ihnen verlassen diese Erde, um in andere Welten zu reisen, die ihrem Entwicklungsstand entsprechen. Irgendwohin, denn es gibt davon unzählige andere »Schöpfungen«. Sie können dort das finden, was sie sich in diesem Erden-Leben als Vision vorgegeben haben.

Doch andere dieser zu Geistwesen gewandelten Menschen verlassen die Erde nicht. Sie geistern zum Teil noch lange Zeit hier herum. Sie sind also mitten unter uns und entdecken in ihrer neuen »Welt« eine völlig neue Art des Seins. Aus dem Körper ausgetretene Menschen (Geister) sind sich oft als Erstes der Gefühle bewusst, die ihr »Sterben« bei der zurückgelassenen Familie, den Freunden oder nahen Bekannten hervorgerufen hat. Nicht, dass sie jetzt alle Einzelheiten des irdischen Lebens verfolgen oder immer darüber Bescheid wissen, was ihre Verwandten oder ihre Freunde essen und trinken oder womit sie sich gerade beschäftigen. Sie wissen jedoch, ob diese heiter oder traurig sind, ob sie Gefühle der Liebe, des Hasses, der Eifersucht oder des Neids in sich tragen. Denn Gefühle dieser Art nehmen sie als eine unmissverständliche Schwingung sofort wahr.

Im Geist- oder Astralkörper der auf unserer Erde »weiterlebenden« Wesen finden sich genaue Gegenstücke der Augen, der Nase und des Mundes. Es ist jedoch nicht so, dass der astrale Mensch mit diesen Augen sehen, mit den Ohren hören, mit der Nase riechen oder mit dem Mund schmecken kann. Die ganze Materie, soweit sie beim Astralmenschen noch klar vorhanden ist und wahrgenommen wird, befindet sich bei ihm in einer stets vibrierenden Bewegung, die mit großer Geschwindigkeit die grundverschiedenen Teile gegeneinander treibt. Es wird so völlig unmöglich, sich auf irgendeines der astralen Partikel zu konzentrieren. Diese Schwingungen kann ein im Körper inkarnierter »sehender« Mensch erkennen.

Sie sind ähnlich denen, die an den Nervenenden des physischen Körpers zu finden sind. Die Sinneswahrnehmung des astralen Körpers erfolgt also nicht durch Organe, sondern durch jedes einzelne Körperteilchen (Atome). Das Geistwesen kann demzufolge mit seinem astralen »Gesicht«, mit allen Teilen seines Körpers gleich gut »sehen«. Es nimmt in seiner Umgebung alles gleichzeitig wahr, nicht nur das, was sich gerade vor ihm befindet.

Und so erklärt sich die Funktionsweise der wirklich erlebbaren Berührungen eines Geistkörpers mit einem im physischen Körper lebenden Menschen: Der Geistkörper kann das astrale Gegenstück der Hand eines Menschen fassen. Da aber beide Hände durch einander hindurchgehen würden, ohne dabei eine Berührung zu spüren, hätte es gar keinen Sinn, dies zu tun. Also macht das Geistwesen von einer seiner Fähigkeiten Gebrauch: Durch Entziehen von physischer Materie des von ihm ausgewählten Menschen wird nun eine Hand materialisiert. Zwar bleibt sie für Nicht-»Sehende« unsichtbar, sie fühlt sich aber dennoch genauso an wie eine ganz normale Hand.

Treibt sich zum Beispiel das Geistwesen eines verstorbenen Alkoholikers in der Nähe eines Geschäfts herum, in dem Alkohol verkauft wird, kann es den Stoff seiner Begierde wiederum nur durch eine teilweise erfolgte Materialisation riechen. Normalerweise nimmt es diesen Geruch nicht in derselben Weise auf, wie dies bei uns der Fall ist. Von seiner Sucht getrieben versucht es deshalb, einen verkörperten Menschen in die Trunkenheit zu treiben, damit es mit einem Teil seines Astralkörpers in den physischen Körper seines Opfers eindringen kann. Auf diese Weise ist es ihm möglich, Geschmack und Wirkung des Alkohols wieder zu genießen. Es kommt durchaus vor, dass solche Geistwesen bei einem Menschen bleiben, der dem Alkohol ebenso frönt wie sie zu ihren Lebzeiten. Dadurch wird der betroffene Mensch meist unbewusst gezwungen, seiner Sucht noch stärker nachzugeben, denn er muss nun auch noch das ständige Verlangen seines »Untermieters« befriedigen.

SCHWINGUNGEN

Jede Lebensform mit Bewusstsein schwingt in einer gewissen, eigenen Frequenz. Um diese bei sich selbst festzustellen, erforscht man, in welchen Strukturen man sich bewegt und welche Lebensauffassung bzw. welches eigene Lebensbild man pflegt. Die Meridiane im Körper arbeiten nicht einfach als Kanäle oder Leitbahnen, durch die Energie fließt, sondern als informative Schwingungsfelder, die den ganzen Leib bis zur letzten Zelle durchschwingen. Sie haben daher verschiedene Qualitäten.

ANGEZOGEN VOM IRDISCHEN

Die Energie, die es Geistwesen ermöglicht, in irdische Geschehnisse zu schauen, hängt von ihrer Veranlagung sowie der Entwicklungsstufe ab, die sie in ihrem Menschenleben erreicht haben. Die meisten jener, die man als »gute Menschen« bezeichnet und die ihr körperliches Leben bis zu einem natürlichen Abschluss zu Ende führen, gleiten durch die niederen Ebenen und Stufen hindurch, bevor sie zum erwähnten astralen Bewusstsein »erwachen«. Das ist mit ein Grund, dass sie sich kaum des Vorgangs, der Geschehnisse bewusst werden, die mit dem physischen »Sterben« zusammenhängen. Klar ausgedrückt heißt dies: Viele Menschen sind sich nicht bewusst, dass sie, nach unserem Empfinden und Denken, tot sind! Denn nach ihrem Bewusstsein nehmen sie sich vollkommen als Körper wahr. Sie leben – und sie »wissen« momentan nur dieses Eine.

Nach meiner Erfahrung kommt es auch immer wieder vor, dass selbst solche Geistwesen zur physischen Welt zurückgezogen werden. Beispielsweise, wenn Menschen die Geistwesen ihrer Verstorbenen nicht wirklich gehen lassen. Dann nehmen diese ihren Kummer auf und werden sich dadurch wieder des eigenen Schmerzes über den Verlust bewusst. Dies ist bei sehr vielen Wesen vorhanden.

Die Geistwesen weniger entwickelter Seelen, vorher dem Materiellen verhafteter Menschen, werden stärker von niedrigen Schwingungen angezogen. Sie erhalten meiner Erfahrung nach leichter Zugang zum irdischen Treiben und können sich in dessen Schwingungsfeld besser bewegen. Das »Tot-Sein« ist für sie noch viel weiter entfernt, denn diese »Welt«, in der sie immer noch sind und leben, kennen sie ja. Je länger solche Geistwesen ihren Willen in die Welt der Menschen senden, umso mehr nimmt die Tendenz, zum Materiellen herabgezogen zu werden, wieder zu. Selbst jene, die anfangs froh waren, sich nicht mehr an das zu erinnern, was hinter und unter ihnen liegt, werden durch ihr Interesse für das Irdische wieder von ihm angezogen. Ich muss an dieser Stelle betonen, dass dieses Verhalten eher am selbstbezogenen Kummer der Geistwesen liegt und weniger an den Menschen, die ihre Verstorbenen nicht gehen lassen. Die tragische Folge ist, dass diese Geistwesen ihren Willen zwingen, mit einem Leben in Berührung zu bleiben, dem sie eigentlich gar nicht mehr angehören. Während dieser meist kurzen Phase nimmt die Kraft, in irdische Dinge hineinzuschauen, zu; doch sobald sie bemerken müssen, dass sie wieder abnimmt, wird ihr Kummer größer als zuvor.

DEN ABSCHIED VERHINDERN

Wie ich immer wieder feststellen muss, werden die Geistwesen Verstorbener durch intensive Verbindungen zu ihren Hinterbliebenen daran gehindert, sich von der Erde zu verabschieden und ihren eigenen Weg zu gehen. Die Trauernden denken oft nicht in erster Linie an den Menschen, der seine irdische Laufbahn abgeschlossen hat und nun auf seinem Weg ins Jenseits ist. Sie leiden, weil es ihrem Ego schwerfällt, einen geliebten Menschen gehen zu lassen. Leider ist eine solche Verbindung zu physisch körperlosen Wesen sehr bedrückend, voller Schmerz und scheinbar untrennbar. Bei Bildern, die nur noch die Materie eines einst hier anwesenden Menschen zeigen, können entzündete Kerzen eine kurze Zeit die eigene Trauer unterstützen oder begleiten. Doch danach gehören sie gelöscht und die Bilder ins Familienalbum – nicht aufgestellt oder an die Wand gehängt. Geistwesen werden von Abbildungen ihrer einstigen Körper animiert, weiterhin am Ort ihres Menschenlebens, ihrem einstigen Wirkungsfeld, zu verweilen. Dies zeigt sich immer wieder durch starke emotionale Schwingungen, die bei den anwesenden Hinterbliebenen auftreten. Wenn ein Geistwesen die Ebene der Materie wirklich verlässt, löst es damit auch seine emotionalen Verbindungen zu verkörperten Menschen auf. Manchmal kann jedoch eine starke telepathische Verbindung entstehen. Durch diesen guten Kanal ist es möglich, mit jenseitigen Wesen in Verbindung zu bleiben, ohne sie daran zu hindern, den ihrem eigenen Willen entsprechenden Weg zu gehen.

Geistwesen machen sich nicht nur in sogenannten »Spukzimmern« bemerkbar. Wer »sehen« kann, wird an den verschiedensten Orten mit ihnen in Berührung kommen.

Eine andere Schwierigkeit, die sich einem Geistwesen entgegenstellt, besteht darin, dass es keineswegs immer mit vollkommener Sicherheit das astrale Gegenstück seines physischen Körpers erkennt. Ja, selbst dann nicht, wenn es diesen sieht. In den meisten Fällen setzt es erst eine bedeutende Erfahrung in die Lage, Gegenstände deutlich unterscheiden zu kön-

nen. Versuche, mit diesen zu hantieren, wirken meistens leer und unsicher, was sich nach meiner Erfahrung in den sogenannten »Spukhäusern« zeigt, wo Gegenstände verschoben, geworfen und umgelagert werden oder Geräusche wie Fußtritte, deutliches Klopfen oder Poltern zu hören sind. Wo Bilder von der Wand fallen, ohne dass es dafür eine irdische Erklärung gibt. Geistwesen, die sich nicht bereits in ihrem Vorleben mit diesen Dingen beschäftigt haben, können das zur Unterscheidung einzelner Gegenstände erforderliche Energieniveau kaum erreichen. Es wäre also sinnvoll, sich gründlich mit dem, was »danach« kommt, auseinanderzusetzen. Auch hier gilt: Was man gelernt und erkannt hat, das hilft dem betreffenden Menschen auf seinem weiteren »Lebensweg«.

Wenn wir Geistwesen begegnen, nehmen wir den Kontakt mit ihnen ganz unterschiedlich intensiv und deutlich wahr.

Ein tragischer Irrglaube des Menschen, mit dem körperlichen Tod seien alle Probleme dieser Erde gelöst, führt dazu, dass er seinen physischen Körper durch Suizide jeglicher Art zerstört. Hier ist ein nachträgliches, suchendes »Umherirren« vorgezeichnet. Diesen Wesen begegnet man immer und überall.

BEGEGNUNGEN MIT GEISTWESEN

Auf der Erde anwesende Geistwesen halten sich meist an denselben Orten auf wie die hier lebenden Menschen. Sie nehmen, wie gesagt, weltliche Gegenstände, Situationen oder Gesten nicht so wahr wie wir. Als astrale Wesen haben sie die Fähigkeit, ineinander einzudringen, ohne sich dabei im Geringsten zu schädigen. Sie tun es auch mit uns! Wer sich zum Beispiel auf einen freien Stuhl setzt, weiß nicht, ob er wirklich frei ist. Sitzt tatsächlich ein Geistwesen darauf, durchdringen wir zwangsläufig dessen

Astralkörper. Sensitive Menschen bemerken schnell, dass sie Kontakt mit einem unsichtbaren Wesen haben. Möglicherweise werden sie den Platz wieder verlassen und sich woanders hinsetzen. Als »Sehender« erkennt man sie immer wieder an den unmöglichsten Orten auf dieser Erde.

Das Durchdringen eines Astralkörpers bietet dem physischen Menschen nicht die geringste Schwierigkeit, da die astralen Teilchen im Verhältnis zu ihrer Größe bedeutend weiter voneinander entfernt sind, als dies bei physischen Partikeln der Fall ist. Gleichzeitig berühren sie sich aber in ernsthafter Weise, soweit die Geschwindigkeit ihrer Schwingung dabei übereinstimmt. Was konkret heißt, dass wir mit einzelnen Geistwesen eine klare »Berührung« erfahren, während andere Geistwesen für uns kaum wahrnehmbar sind. Die Kontakte können auch unterschiedlich wahrgenommen werden. Ein derart enges Zusammensein beispielsweise mit einer Person, deren Denken verstimmt, eifersüchtig oder zornerfüllt ist, wirkt höchst nachteilig für beide Beteiligten. Im Moment des gegenseitigen Durchdringens können im Schwingungsfeld beider Wesen negative, unangenehme Gefühle entstehen. Sie zeigen uns, dass wir mit einem schlechten Geistwesen der Astralebene in Berührung sind, auch wenn den meisten Menschen ein »Sehen« unmöglich ist.

Da Tausende von Geistwesen diese Erde »bewohnen«, ist eine solche Begegnung mit ihnen überall möglich, ja wahrscheinlich. Diese Kontakte müssen keineswegs abweisend wirken, denn meist sind es nur kurze Berührungen und haben deshalb auch keinerlei Auswirkungen. Dagegen kommt es immer wieder zu Kontakten mit physisch Lebenden, die von den Geistwesen bewusst aufgesucht werden. Oft ist dies ein klares Zeichen für ihr Bedürfnis, auf diese Weise Hilfe zu bekommen, obwohl ihnen in den Zwischenwelten genügend helfende Wesen zur Seite stehen würden. Doch es ist eben immer noch diese Nähe zur materiellen Welt, die sie die diesseitige Ebene stärker suchen lassen. Dabei wäre ihnen eine Jenseitsebene näher und hilfreicher.

VORBEREITUNG AUF DEN WEITEREN LEBENSWEG

Nichts, was im irdischen Leben dem physischen Körper auch geschehen mag, hat einen Einfluss auf das Leben in der Zwischenwelt. Die Lebensdauer eines Geistwesens in der Zwischenwelt hängt von zwei Faktoren ab:

einerseits von der Natur seines verflossenen physischen Lebens (das heißt von dem, was er erarbeitet oder hinterlassen hat) und andererseits von seiner Haltung, wenn es den sogenannten Tod erfahren, bewältigt hat.

Während seines irdischen Lebens beeinflusst der Mensch durch Erregungen, Leidenschaften, Bedürfnisse oder Suchtverhalten den Aufbau von Materie in seinem Astralkörper. Mit seiner Gedankenkraft formt er ihn um, ohne sich der bedeutenden Auswirkungen seines Verhaltens bewusst zu sein – in seinem äußeren Gedankenfeld ist ihm das selten bewusst. Durch falsches einseitiges Denken, eine eigensinnige Linie, baut er sich damit ein plumpes, grobes astrales »Fahrzeug«, das ausschließlich auf niedrige Schwingungen reagiert. Nach dem Verlassen des physischen Körpers wird er sich weiterhin an seinen klaren Lebensplan, mit dem er diese Erde betreten hat, gebunden fühlen, was bedeutet, dass er einen langsamen und langen Prozess durchmachen muss, um den selbst erschaffenen Körper wieder aufzulösen. All das, was ein Mensch »erschafft«, kann er auch wieder auflösen!

Es ist also ratsam, durch eine wohlbedachte Lebensweise ein in der Hauptsache aus feinen Schwingungen aufgebautes »Fahrzeug« zu erzeugen. Auf diese Weise wird man nach dem Tod wesentlich weniger Mühe und Unbehagen zu erwarten haben, die eigene Entwicklung wird leichter, rascher erfolgen und das eigene bewusste Fortschreiten um etliches müheloser sein.

Es geht also darum, seinen Lebensweg in das Innere zurückzuziehen, seinem eigentlichen Lebensplan folgend. Das heißt, nötig ist eine klare, offene Innenschau, um selbstkritisch und ehrlich zu sich selbst zu sein. Dabei erkennt man immer wieder die Kraft des eigenen Egos. Es gilt jedoch, sein Denken so weit wie möglich von physischen Dingen loszulösen und seine Aufmerksamkeit zunehmend auf jene spirituellen Dinge zu richten, die einen während des kurzen Lebens in der Jenseitswelt ganz beschäftigen werden. Es sind die geistigen Werte wie absolute innere Freiheit, Abwerfen und Auflösen von Selbstzweifeln und Ängsten aller Art sowie das bedingungslose Annehmen und Lieben des eigenen Ichs. Menschen, die diesen Weg einschlagen, fällt die natürliche Auflösung ihrer Grobstofflichkeit wesentlich leichter. Dadurch vermeiden sie einen unnötig verzögerten und deshalb nutzlosen Aufenthalt auf dieser niedrigen, grobstofflichen Ebene einer materiellen Schwingung.

Durch eine Lebensweise, die sich auf die geistigen Dinge konzentriert, können wir uns vorbereiten auf unseren weiteren Weg nach dem Tod.

DIE GEISTKÖRPER

MATERIE UND GEIST

Wir sind mit unserem Körper in der stark verdichteten Schwingung der Materie eingebunden und nehmen die Welt mit unseren körperlichen Sinnesorganen entsprechend wahr. Diese grobstoffliche Wahrnehmung lässt es nicht zu, dass wir die Umgebung so sehen und erkennen können, wie sie wirklich ist – was uns zu Wesen mit sehr beschränkter Wahrnehmung macht. Nun lebt der Mensch in seinem wirklichen Wesen nicht in der grobstofflichen Wirklichkeit, sondern bloß sein irdischer Körper. Dieser erlaubt es ihm, die vordergründige Beschränktheit seiner Wahrnehmung zu erkennen, doch dank unseres wunderbaren Körpers können wir auch die grobstoffliche oder materielle Welt erkunden und daraus wertvolle Erkenntnisse gewinnen.

Mit unserer grobstofflichen, eingeschränkten Wahrnehmung bleibt uns die lenkende Kraft hinter dem Kreislauf der Schöpfung oft verborgen.

In Wahrheit ist der Mensch also nicht Körper, sondern reiner Geist, Bewusstsein in höchster Form. Ganz genau genommen: verdichtetes Licht. Darin liegt der Schlüssel zur erweiterten Sicht dessen, was alles über, in oder neben uns noch existiert. Da wir mit unseren Sinnesorganen nun einmal eine eingeschränkte Sichtweise haben, wäre es absolut töricht zu behaupten, dass nur die materielle Form der Welt existiere. Solange wir allein auf den Körper bezogen sind, glauben wir, ebenso vergänglich zu sein wie er. Wir werden geboren, leben eine gewisse Zeitspanne und sterben schließlich. Das stimmt lediglich insofern, als der im Kreislauf des Lebens eingebundene materielle Körper eben diesen Weg gehen muss. Setzt man sich mit der Natur unserer Erde intensiv auseinander, erhält man ein umfassenderes Bild vom Werden und Vergehen. Dem staunenden Geist wird dabei zunehmend bewusst, wie das Leben nach einem derart perfekten Entwurf abläuft, sodass man nicht umhinkommt, hinter dem Kreislauf der Schöpfung eine lenkende Kraft zu erkennen. Alles andere beruht auf einer inneren Blindheit, einem nicht »Sehen«- und Begreifenwollen.

DIE NATURGESETZE DES LEBENS

Ein nach den Gesetzmäßigkeiten der Natur und der irdischen Energiedichte lebender Körper kann deshalb nicht seinen eigenen Weg gehen, sondern muss sich jenen Gesetzmäßigkeiten unterordnen, die das Leben auf der Erde bestimmen. Nun haben wir auch den Geistkörper. Seine Freiheit ist allerdings ebenfalls nicht grenzenlos. Obwohl er einem anderen Schwingungsfeld angehört und nicht mehr an die materielle Ebene gebunden ist, hat auch der Geistkörper einen gewissen Wirkungs- und Wahrnehmungshorizont. Es versteht sich von selbst, dass dieser um einiges weiter reicht, als unser Verstand es zu fassen vermag. In ihm entstehen die Schwingungen, welche sich dann zur Materie verdichten. Man könnte sagen, die feinstoffliche Energie des Geistes (Raum) erzeugt durch die Kraft des Schöpferischen die Dichte des Körpers (Materie).

Aus diesem Satz lässt sich erklären, wie Materie geschaffen wird: Gedanken sind Energiefelder, die sich im Raum bewegen und, verstärkt durch weitere Gedanken derselben Art, zu inneren Bildern werden. Diese haben ihrerseits die Kraft, die Gedanken zu unterstützen, sodass ihre Energiefelder zunehmend dichter werden und dadurch allmählich in die

DER FREIE WILLE

Durch eigenes Entscheiden kann ich alles tun oder lassen. Hierzu habe ich einen freien Willen. Doch wie erwähnt, muss ich die Ergebnisse und Wirkungen meiner Handlungen auch immer wieder selbst erfahren; das heißt, eben oft auch korrigieren, wenn ich die negativen Aspekte meines Tuns erkennen kann. Denn all die gegebenen kosmischen Gesetze sind unumgehbar. So ist zum Beispiel Suizid auch eine Form von Erfahrung. Dem eigenen Unvermögen allerdings kann man nie davonlaufen. Es kommt dem gleich, als würde eine Aufgabe nicht vollendet. Sie wartet dann einfach, bis dies irgendwann einmal geschieht!

Form des Materiellen übergehen. Mithilfe kraftvoller Bilder sind aus den ursprünglichen Gedanken stark verdichtete Schwingungen entstanden, die man jetzt als Materie wahrnehmen kann. Unser sinnliches Erleben klammert sich nun an die Feinstofflichkeit der Materie – die es an sich aber gar nicht gibt! Denn alles ist verdichtete Energie – und kann sich demgemäß auch wieder auflösen.

Die herrschenden Naturgesetze sind seit Jahrtausenden gleich geblieben und vollziehen sich nach demselben Muster. Zwar gibt es leichte Veränderungen, weil diese aber in Zeiträumen von Jahrtausenden geschehen, können sie vom Menschen in seinem kurzen Leben nicht wahrgenommen werden. Er glaubt vielmehr, alles seinem Zeitgeist anpassen zu müssen. Doch die Natur folgt jahrmillionenalten Gesetzen und lässt sich von den Vorstellungen des im engen Zeithorizont denkenden und handelnden Menschen nicht beeinflussen. So wird der Mensch immer wieder gezwungen, sich diesen Gesetzen anzupassen, und nicht umgekehrt, was sich in unzähligen Beispielen belegen lässt.

DIE VIER ELEMENTE

Es gibt vier Elemente, aus denen alles Sein besteht: Feuer, Erde, Wasser und Luft. Sie sind, in unterschiedlicher Zusammensetzung, die Grundlage aller körperlichen Dinge sowie Naturgegenstände (Farbfelder, Klänge, Strahlen, feinstoffliche Muster) unserer Welt. Nicht auf dem Weg der Zusammenhäufung, sondern durch stetige Verwandlung und passende Verbindung. Werden sie zerstört, so lösen sie sich wieder in die Elemente auf. Die vier Elemente und die daraus entstehenden Ergebnisse sind es also, ohne deren genaue Kenntnis keine schöpferische Wirkung in unserem eigenen Handeln hervorgebracht werden kann.

Ebenso wie der Mensch hat auch die Natur eine starke Hülle aus geistiger Schwingung um sich. Pflanzen und Tiere sind also ebenfalls beseelt und von einem geistigen Schwingungsfeld umgeben, das in stabile Strukturen unterteilt ist. Der sogenannte »Übergeist« sorgt für das Ganze, während die einzelnen Geist- und Pflanzenwesen ihre spezifischen Aufgaben haben. Mit unserem eigenen Geistkörper können wir diese Ebene durch entsprechende Übungen ebenfalls erfahren. Dazu muss der materielle Körper in den Hintergrund gestellt werden, was bedeutet, dass wir lernen müssen, die Dichte der materiellen Schwingung zu überwinden. Mit dem Geistkörper haben wir dann die Möglichkeit, uns dieser Anderswelt auf einfache Weise anzunähern oder mittels geeigneter Übungen sogar zu besuchen und immer tiefer in sie einzutauchen. Das Verständnis für das Leben auf dieser fantastischen Ebene wird dabei ständig klarer. In uns öffnet sich dann eine riesige »Welt«, die wir bislang überhaupt nicht kannten, oder noch schlimmer: von der wir glaubten, sie existiere gar nicht.

In meinen Waldseminaren und in meinen Büchern spreche ich Menschen an, die diese um uns existierende »Welt« wieder erkennen lernen wollen, in die Kraft der Natur eintauchen möchten und dabei selbst die Entdeckung der wunderbaren Ebene der Naturwesen anstreben. Durch ein gezieltes Einbinden der eigenen sowie der Naturkräfte kann auch eine ganzheitliche Heilung des suchenden Menschen entstehen und geschehen. Da die Weltseele durch ihre Kraft alle natürlich erzeugten oder auch künstlich gemachten Dinge befruchtet, indem sie ihnen die allumfassend vorhandenen Eigenschaften des Universums eingießt, verleihen uns diese Dinge ihre Kraft nicht nur, indem man sie als Salben, Tees, Räucherungen oder auf sonstige Art anwendet. Im Gegenteil: Wenn man sie richtig anwendet oder in Handlungen einbindet, sich um den Hals hängt oder nur durch leichte Berührungen mit uns in Verbindung bringt, entstehen magische Kräfte. So werden Zustände unseres physischen Körpers oder unserer Seele in Gesundheit oder Krankheit, Freude oder Trauer und dergleichen mehr verwandelt.

Alles auf unserer Erde ist belebt und der Schöpfergeist ist in allem. Die Naturgeister zeigen sich überall und in den unterschiedlichsten Wesensarten.

DAS REICH DER NATURWESEN

KOMMUNIKATION MIT NATURGEISTERN

Erst wenn ein Mensch diese Ebene der Naturwesen wahrnehmen und besuchen kann, erlebt er die wahre Intensität und Wirkung seiner Kräfte. Dann ist es nicht mehr schwierig, die Geister der Natur in ihrer Vielfalt wahrzunehmen sowie die grundlegende Ordnung in der Struktur der Natur zu erkennen. Sie schafft die verschiedenen Stufen, auf denen Pflanzen, Tiere und Menschen leben, und gibt vor, welche Regeln für sie wirklich gelten. Der bereits erwähnte Übergeist ist für die komplexen Einheiten von Wiesen, Wäldern, Gewässern und allen anderen Lebensräumen »verantwortlich«. Er schafft erst die Voraussetzung zur Symbiose, zum harmonischen Zusammenleben aller Lebensformen, indem er die Struktur vorgibt, die es den einzelnen Naturwesen erlaubt, in ihren Bereichen zu wirken.

Die Naturgeister helfen dem, der sie anspricht, mit ihnen kommuniziert. Sie vermitteln die Seligkeit der körperlichen Ganzheit, wenn der gesamte Organismus von Körper, Seele und Geist das ganzheitliche Gewahrsein erreicht hat.

Das Informationsnetz ist der gesamten Schöpfung unserer Natur eigen und »lebt« so auch in allen irdischen, von Naturgeistern belebten Formen, wie Pflanzen, Steinen, Wasser, Luft und den damit verbundenen Strukturen. Daher wird auch »Information« in jeder Struktur weitergegeben. Alles ist belebt, denn der Schöpfergeist ist auch in allem, was lebt. Auch ein Stein beispielsweise hat eine lebendige Struktur, ob er als Ganzes oder zermalmt als Sand die Erde bewohnt. Hier spielt einzig wieder das Gesetz der Verdichtung von Schwingung eine Rolle. Und Verdichtung von feinstofflicher Energie zur grobstofflichen Materie ist stufenlos.

Diese Naturwesen haben nun auf allen Stufen und Ebenen die Aufgabe, für das Wohlergehen der einzelnen Tiere und Pflanzen zu sorgen. Da die Tiere bereits einer höheren Stufe der schöpferischen Schwingung angehören, sind ihre Geistwesen völlig anders als jene der Pflanzen, Steine oder des Wassers. Da Tiere – wie wir Menschen – inkarnieren, haben sie auch einen völlig anderen Bezug zu dieser Erde.

ERSCHEINUNGSFORMEN DER NATURGEISTER

Beim Betrachten von Naturgeistern in unterschiedlichen Wesensarten erkennt man drei Hauptgruppen:

- **Luftgeister,** die den freien Raum ausfüllen,
- **Bodengeister,** welche die Erdoberfläche beherrschen, und schließlich
- **Erdgeister,** die für die komplexen Energieflüsse in der Erde verantwortlich sind.

Naturwesen ergänzen und unterstützen sich. Wer die Gesetze der Natur beachtet, kann in Symbiose harmonisch zusammenleben.

Es liegt in der Natur dieser energetischen Wesen, sich gegenseitig zu ergänzen und zu unterstützen, weshalb sie in ihren Aufgaben fließend in andere Ebenen übergehen. Das Wirkungsfeld eines Naturwesens hat daher keine festen Grenzen, seine Kraft ist jedoch stets dort am stärksten, wo seine Schwingung die größtmögliche Intensität erreicht.

Die wissenschaftliche Sicht ist natürlich eine völlig andere. Man erforscht alles Sichtbare, also die materielle Form, und geht davon aus, dass die Erkenntnisse für alle Bereiche des Lebens gültig sind. Man staunt über das Wissen, das in den winzigen Zellen gespeichert ist, über ihre perfekte Zusammenarbeit, und glaubt, den Ursprung des Lebens geklärt zu haben. Dies ist nur insofern richtig, als der Schöpfer dieser wunderbaren Bausteine nicht in die bestehenden Welten eingreifen muss, denn der Bauplan ist gewissermaßen in einer »ewigen Bibliothek« gespeichert und stets abrufbar. Das von einer höchsten Gottheit geschaffene Universum ist dermaßen perfekt, dass sie nie mehr eingreifen muss. Natürlich wird immer wieder Neues geschaffen. Aber es ist bereits im Plan vorhanden und wird zu gegebener Zeit ausgeführt. An sich ist es weder neu noch fremd, sondern etwas, das gerade jetzt notwendig ist und daher entsteht oder eben »entdeckt« wird. Die Bibliothek der Schöpfung ist viel umfangreicher, als wir es uns vorstellen können. Damit das Leben sich auch gemäß dem Schöpfungsplan entwickeln kann, braucht »das All-Eine hinter Allem« ein umfassendes Bewusstsein, das den Fluss der Schwingungen lenkt. Hier begegnen wir nun den verschiedenen Geistwesen und deren Hierarchien.

SCHÖPFERISCHE GEDANKENKRAFT

WIR ERSCHAFFEN UNSERE WELT

In der Vielfalt dieser kraftvollen Energieströme steht auch das Wesen Mensch. Das scheinbare Durcheinander auf der Erde ist auch ein Gleichnis der großen Bandbreite von ethischen Werten. Damit hat der Mensch die Möglichkeit zu einem direkten Vergleich, der ihm erlaubt zu erkennen, welche Werte für ihn wichtig sind. Jeder Mensch hat die Wahl, das, was er wahrnimmt, auf die eine oder andere Weise zu beurteilen, und kann entscheiden, ob er es annehmen oder ablehnen will. Er hat zudem jederzeit die Möglichkeit, seine Gedanken wieder in eine andere Richtung zu lenken. Darin liegt ein weiterer Schlüssel für den Zugang zur eigenen Entwicklung, zum selbst gewählten Weg. Wichtig ist, dass man es will und nicht nur möchte, da sonst keine Energie fließt. Der Wille des Menschen, und nichts anderes, lenkt und gestaltet durch die eigene Gedankenkraft sein Leben.

Diese Gedankenkraft ist absolut schöpferisch. Zum Beispiel gelangt man beim Betrachten der Geschehnisse auf dieser Erde zu gewissen Prognosen. So wird einiges »vorausgesehen«, was dann aber nicht eintrifft, weil zu wenige Menschen in Gedanken diese Richtung im Lauf der Dinge energetisch unterstützt haben. Andersherum kann jedoch eine Vorahnung entstehen, weil der Mensch in der Tiefe seines Wesens erkennt, was sich demnächst ereignen wird. Wenn sich dann Tausende von Menschen dieselben Gedanken machen, entsteht eine bestimmte Schwingung, die sich schließlich materialisieren wird, das heißt, das Ereignis entsteht oder ist bereits eingetreten. Ein Beispiel sind die Auswirkungen einer Pandemie in all ihren Facetten.

Betrachten wir etwa die Entwicklung seit dem Jahr 1900, so stellen wir fest, dass sich die Situation auf dieser Welt zunehmend verschlimmert hat. Krieg reiht sich an Krieg, Massenmord an Massenmord. Es sind nicht mehr nur Länder und Herrscher, die für diese Kriege und Konflikte verantwortlich sind, sondern auch immer mehr Organisationen, die, außerhalb

jeder Rechtsordnung stehend, die Macht in weiten Bereichen übernommen haben. Terrorismus beispielsweise ist nicht steuerbar, Fanatismus – auch religiöser Art – ebenso wenig.

Dunkle Wolken wirken bedrohlich auf uns, wie dunkle Mächte. Doch die Kräfte der Natur zerstören nicht, sie verwandeln nur.

Zudem führen gerade die modernen Errungenschaften der Technik und die Globalisierung zur allseits sichtbaren Umweltzerstörung und zu Massenelend. Nichts ist mehr sicher, viele fallen übereinander her, schieben, betrügen, korrumpieren und beuten aus. Menschen werden als Ware gehandelt wie in der dunkelsten Sklavenzeit. Das »Schwert« der eigenen Vernichtung wird weiterhin scharf gehalten, ja noch besser und effizienter gemacht.

Immer schneller und besser werdende Technik – für positive Errungenschaft gehalten – hilft den dunklen Mächten zunehmend. Vielen Prognosen und Visionen sehender Menschen zufolge steht uns eine krasse

Wende bevor. Die ersten klaren Zeichen haben wir gerade mit einer weltweiten Pandemie seit dem Jahr 2020 erfahren. Andere sprechen von Ereignissen wie Atomkrieg, Sonneneruptionen, Erdachsenverschiebung, schwersten Erdbeben oder Vulkanausbrüchen.

Solche Szenarien lassen natürlich düstere Gedanken und vor allem Ängste aufkommen, die nun wieder unsere eigene Schwingung prägen. Aus leicht nachvollziehbaren Gründen werden die Ängste der Massen von Interessengruppen zusätzlich geschürt, vor allem dann, wenn eine Industrie dahintersteht oder Interessen einflussreicher Politiker. Damit lässt sich schamlos viel Geld verdienen.

WIR ERNTEN, WAS WIR SÄEN

In diesem Zusammenhang ist zu erwähnen, dass unbewusste Ängste den Geist auch lähmen können, wie etwa die Angst, verhungern zu müssen, im Krieg alles zu verlieren, oder wehrlos global wirkenden Ereignissen ausgeliefert zu sein. Wenn sich diese Schwingung in Tausenden von Menschen zur kollektiven Angst aufbaut, entwickelt sie eine unglaubliche Kraft. Als logische Folge davon materialisiert sich diese Schwingung, bis das Vorausgedachte tatsächlich eintritt.

Auf diese Weise entstehen Ereignisse, wie wir sie alle jüngst erlebten. Doch wenn genügend Menschen ihr Denken ändern, werden sich diese Schwingungen auch wieder auflösen. Gerade in den vergangenen Jahrzehnten konnte man beobachten, wie sich Millionen von den gewohnten Denkmustern befreiten, ihre eigenen Wege gingen und alternative Lebensentwürfe oder Zukunftsvisionen entwickelten. Dieses positive Streben wird durch Krisen immer gestärkt.

Es ist schwer zu glauben, aber wir erschaffen die Welt, so wie wir sie sehen, erleben und erkennen, tatsächlich selbst. Das beginnt schon beim eigenen Ich, das, sich seiner Gedankenkraft nicht bewusst, einfach im Schwingungsfluss unserer Zeit treibt. Mit Entsetzen muss man heute feststellen, dass viele der Befürchtungen mehr oder weniger Realität geworden sind. Aber es gibt auch andersdenkende Menschen, die wegen ihres Erfolges und Glücks oft beneidet werden. Sie haben ihrem Denken, ihrem Verhalten eine positive Richtung gegeben und ernten, genauso wie die anderen, das, was sie gesät haben.

Um negativen Tendenzen und Ängsten entgegenwirken zu können, müssen wir mit unserer schöpferischen Kraft neue, positive Alternativen entwickeln.

VON DER NATUR LERNEN

PRÄGENDE ELEMENTE

Eine große Macht liegt in den Kräften des Wassers, der Luftströme, der Steine und Pflanzen aller Art verborgen. Den Ursprung dieser Kräfte zu ergründen erfordert tiefes Nachdenken. Erreichen kann man diese geistige Verbindung auch durch ein «Eintauchen» draußen in der freien Natur. Es ist eine Kernfrage. Man könnte diese Kräfte den bildenden Ideen der Dinge zuschreiben. Schon Philosophen vergangener Jahrhunderte machten derartige Wirkungen von den Intelligenzen, von den Sternen oder von den eigentümlichen Formen der Dinge abhängig. Hier muss uns bewusst werden, dass unser Körper und unser Geist auch von den Himmelskörpern stark beeinflusst werden. Und wir müssen die Tatsache anerkennen, dass es in all den Universen Intelligenzen gibt, die unserer Zivilisation weit überlegen sind. Allein die – von uns Menschen nicht erkannte – Intelligenz der Pflanzenwelt ist weit höher entwickelt, als jedes menschliche Denken es je erreichen kann.

Obgleich die Ansichten dieser Philosophen einander entgegenzustehen scheinen, so stimmen sie doch in der Hauptsache überein. Die wahren Gründe dieser Wirkungen sind deswegen durch keine Betrachtungen unseres Verstandes, durch keine Magie, durch keine noch so verborgene und tiefe Wissenschaft zu erforschen. Das Ganze ist allein in uns selbst, in der göttlichen Offenbarung zu suchen und zu finden.

KONTAKT MIT DER NATUR AUFNEHMEN

Will man beispielsweise mittels einer Meditation mit einem Baumgeist Kontakt aufnehmen, ist die Kraft des eigenen Geistes entscheidend. Man muss ihn lenken können, um die innere Ruhe zu finden, die uns – als ein Ergebnis – mit dem völlig anders schwingenden Wesen verbindet. Ein Baum wächst, seinem natürlichen Wesen folgend, in einem jahrzehntelangen Rhythmus. Jedes Jahr bringt klimatische Änderungen, bis hin zu extremen Wetterereignissen, die er annehmen und ausgleichen muss. Die Schwingung eines Baumwesens ist also auf diese Zeitdauer ausgelegt, während unsere von der Unrast des in Sekunden, Minuten oder Stunden denkenden und handelnden Menschen geprägt ist. Jahrzehnte, ja Jahrhunderte dauernde Vorgänge sind für uns kaum mehr vorstellbar; vor allem, wenn es um einfaches Sein, Ertragen oder Annehmen geht.

Wenn man also wirklich eine Beziehung zu einem Baum sucht, bleibt einem nichts anderes übrig, als sich allmählich dessen Schwingung anzunähern. Hat man nach monatelanger Arbeit an sich selbst die innere Ruhe gefunden, was sich in jeder Beziehung lohnt – gerade in Beziehung zu körperlichen Leiden – dauert es nochmals eine Weile, bis man sich mit der Schwingung des Baumgeistes verbinden kann. Erst dann ist es möglich, mit ihm zu kommunizieren. Das heißt, wir können den Kontakt zu ihm selbst aufnehmen und erhalten Antworten auf unsere Fragen. Wir können auch einfach in seinem Schwingungsfeld sitzen und dieselben Ebenen von Ruhe und Frieden erfahren – wie meditierende Menschen dies anstreben. Wer nicht auf die eine oder andere Weise meditiert, hat ohnehin kaum Zugang zu diesen weit über jedes irdische Erleben hinausgehenden Erfahrungen. Aber diese Mühe ist es durchaus wert.

DAS SCHWINGUNGSFELD DER NATUR

Baumgeister folgen Jahrmillionen alten Gesetzen und können unsere Schwingungsebene nicht kennen. Deshalb ist es ihnen nicht möglich, die Verbindung zu Menschen von sich aus aufzunehmen. Sie müssen auch nicht, denn in ihrem »Gedächtnis« ist das, was sie für ihr Wachstum und ihre Entwicklung brauchen, bereits lückenlos vorhanden. Baumwesen sind dabei nie im Konflikt mit anderen. Der sogenannte Kampf unter Pflanzen entstammt der reinen Fantasie einiger kurzsichtiger Denker. In der Pflanzenwelt herrscht, nach dem Motto »jeder lebt für jeden«, Freundschaft, gegenseitige Hilfe und Unterstützung. Sie ist ausschließlich geprägt von unendlicher Liebe und Demut. Ein solches Verhalten ist heutigen Menschen derart fremd, dass es viele kaum oder überhaupt nicht verstehen können. Seit meiner Jugendzeit weiß ich, dass Bäume über ihr Wurzelwerk und teilweise auch über ihre Krone miteinander kommunizieren. Dazu nutzen sie sämtliche Energiefelder, Energien, die der Mensch nicht einmal alle kennt. Sie »wissen« also, wie es ihren Nachbarn, der ganzen Gemeinschaft geht, wie sie wachsen und gedeihen. In ihrem gemeinsamen geistigen Schwingungsfeld zeigt sich, welchen Wesenheiten sie helfen sollen und welche sie übernehmen dürfen. Der Höhepunkt im Leben eines Baumwesens ist der Übergang in einen anderen Baum. Dabei gibt es »seine« eigene Identität auf, um mit seinem »Nachbarn« zu verschmelzen, mit ihm in einem neuen Baum eins zu werden.

DIE ENTFREMDUNG VON DER NATUR

Die Natur in ihrer Vielfalt zu verstehen ist kaum möglich, gibt es doch Dutzende Vorgänge, beispielsweise im Zusammenwirken der Pflanzen und ihrer Arten, von denen wir noch gar nichts wissen. Wenn allein das, was wir bereits kennen, uns nur noch staunen lässt, wie sollten wir da das vielschichtige Zusammenspiel der gesamten Welt der Flora und Fauna auch wirklich erfassen können? Und erst die gesamte gegenseitige Wirkung aller vier Elemente? Sie alle sind Teil eines Ganzen, einer nach den Naturgesetzen lebenden Gemeinschaft. In der Urzeit mussten die Menschen ihr Verhalten diesem gemeinsamen Schwingungsfeld anpassen. Nur wer wie alle anderen Lebewesen die Gesetze der Natur beachtete, konnte in der großen Symbiose überleben.

Doch der Mensch »entwickelte« sich weiter. Dabei entfernte er sich mehr und mehr von seinen eigenen Wurzeln, die Natur wurde ihm zunehmend zum Feind. Er musste gegen Bäume und Sträucher kämpfen, ihnen den Boden streitig machen, roden, plündern, abbrennen. Pflanzen und Tiere wurden in gut und böse, nützlich und schädlich eingeteilt. Die schädlichen Pflanzen wurden ausgerissen und später vergiftet oder verbrannt, die nützlichen in riesigen Monokulturen angepflanzt. Dasselbe geschah mit jenen Tieren, die der Mensch als Bedrohung oder Konkurrenz sah. Sie wurden getötet, verdrängt, ausgerottet. Was man heute auf unserer Erde sieht, ist das Produkt einer völlig fehlgeleiteten Entwicklung, von Menschenhand geschaffen. Fortschritt in ein Chaos!

Die Natur in ihrer riesigen Vielfalt hat mit dem Menschen kein Problem. Sie entwickelt sich gemäß ihrem jahrtausendealten Plan und wird die Menschheit überdauern. Pflanzen und Tiere haben sich den gegebenen Umständen mit großem Erfolg angepasst und tun es auch heute noch. Nur der Mensch hat sich aus seinem eigenen Lebensraum ausgeklinkt und verabschiedet. Er wird sich daher nur schwer den kommenden Ereignissen anpassen können. Die Entfremdung von der Natur ist so weit fortgeschritten, dass die meisten Menschen der industrialisierten Welt die Natur kaum noch aus eigener Erfahrung kennen. Dies ist mit ein Grund, dass diese auf derart schamloser Ausbeutung beruhende Entwicklung unentwegt ungebremst weitergeht!

DEN ZUGANG ZUR NATUR WIEDERFINDEN

Auf der anderen Seite versuchen immer mehr Menschen, sich wieder mit ihren Wurzeln zu verbinden. Sie folgen dabei ihrem inneren Bedürfnis, die mächtige Schwingung der Natur wieder zu spüren. Mit Erstaunen entdecken sie in ihrem Innersten noch Keime aus der Urzeit. Diese lassen sie erkennen, dass alle Menschen einmal »sehen« konnten und über eine Wahrnehmung der Naturgeister verfügten, wie es heute kaum noch vorstellbar ist. Einst wussten alle Menschen, wie man mit Pflanzen, Bäumen und Tieren, den Winden und dem Wasser kommuniziert. Heute müssen wir erst mühsam lernen, diese natürliche Begabung wieder in uns zu finden und zu entwickeln. Doch in diesem Fall lohnt sich die Mühe allemal.

Die Fähigkeit, Naturwesen wahrzunehmen respektive einmal zu »sehen«, mit ihnen zu kommunizieren, ist nicht einigen wenigen Menschen vorbehalten. Aber die Mühe und Arbeit, die man aufbringen muss, um sie wiederzuerwecken, ist den meisten schlicht zu anstrengend. Der Wunsch mag zwar stark sein, aber wenn man erst erkennt, wie viel Zeit, Geduld und innere Bereitschaft aufgebracht werden müssen, erlischt die »Flamme« des aufkeimenden Enthusiasmus bald wieder. In unserer richtungslosen Gesellschaft fehlt eben die Zeit und Muße dazu, braucht man sie doch für Hunderte nutzlose Bemühungen, um glücklicher, gesünder oder erfolgreicher zu werden. Heute sind wir von Technik so geprägt, dass jede Tätigkeit sofort ein Resultat bringen muss. Doch wer den Weg zur inneren Natur wirklich auf sich nimmt, wird von unvergesslichen Erfahrungen überrascht. Immer wieder erhält man neue Erkenntnisse, ja man »knüpft« an uraltes Leben an. Dann steigen aus den Tiefen des eigenen Bewusstseins Bilder und Einsichten auf, die uns aufzeigen, was die neu entdeckten uralten Fähigkeiten auch hier und heute ermöglichen: Sie öffnen uns den Zugang zur geistigen Welt und zu den Naturwesen!

VORBILDER

WAS ICH VON MEINER FAMILIE LERNTE

Mein Vater war ein Mystiker, ein Mensch, dem man durch und durch vertrauen konnte. Er blickte nach seiner Art in die Tiefen der Geschehnisse und erkannte dabei die geheimnisvollen Kräfte der Schöpfung. Von ihm lernte ich, diese Naturkräfte zu erkennen, zu nutzen und zu schätzen. Seine Augen strahlten eine besondere Ruhe und Güte aus, und wenn er seine Geschichten erzählte, packten sie mich derart, dass ich oft und gerne zuhörte. Durch meinen Vater fand ich auch leichter Zugang zur Welt des Mystischen. Indem er mir Brücken baute – darauf basierend, seinen Worten uneingeschränkten Glauben zu schenken –, blieb mir manch beschwerlicher Weg erspart, und ich durfte durch seine Erfahrungen sowie sein Wissen mühelos vieles lernen. Entscheidend dabei war das wirkliche Vertrauen in einen Menschen, den man achtete und liebte.

Meine Verbundenheit mit der Familie und der Natur wurde durch viele Erlebnisse mit meinem Vater und meinem Onkel auf der Alp nachhaltig geprägt.

Mein Vater war mir auch ein starkes Vorbild. Er strahlte eine große Gelassenheit aus, war aber dennoch sehr präsent, und nichts Wichtiges ent-

ging ihm. Seine Ruhe, die er auch in heiklen Lebenssituationen bewahrte, lehrte mich ebenfalls, Probleme stets mit Ruhe anzugehen, die Übersicht zu bewahren und »Herr« des Geschehens zu bleiben. Was mich an ihm besonders beeindruckte, war seine besondere Begabung, Ereignisse, die unmittelbar zuvor geschehen waren oder gerade eben geschahen, zu »erkennen«. Noch bevor es irgendjemand gehört hatte, wusste er schon davon. Es war, als würde er jeweils sofort mittels Telepathie informiert. So bemerkte er immer, dass diese oder jene Person aus unserem Dorf eben »gegangen« war, was stets kurz danach durch eine Nachricht bestätigt wurde. »Gegangen« ist für mich immer noch das treffendste Wort für das Verlassen des Körpers. In unserer Familie kannten wir den Begriff »gestorben« in Bezug auf Menschen nicht. Bei Tieren sprach man hingegen von »tot«, von »töten«, von »sterben«.

Wie in meinen bisherigen Büchern, wo der Fokus vorab auf meine persönlichen Erfahrungen, auf meine eigene Welt gerichtet war, will ich auch an dieser Stelle etwas über meinen »Stamm« schreiben. Wie erwähnt, war mir mein Vater sehr nah, aber auch seine Brüder und seine beiden Schwestern trugen viel zu meinen Erkenntnissen bei. Es war eine energische Familie, die durch einen ebenso beeindruckenden, starken Vater ihrerseits geprägt war. Ein bedeutender Großvater, den ich sehr mochte, aber leider im Alter von sieben Jahren gehen lassen musste, hatte einen robusten Körper, war sein ganzes Leben nie krank, also auch nie beim Arzt, und ging seinen Weg ins Jenseits mit 95 Jahren. Am Tag zuvor hatte er noch schwere Gartenarbeit verrichtet, und am folgenden Morgen lag sein Körper, einem Schlafenden ähnlich, im Bett. Einen Tag darauf durfte ich die Begegnung mit seinem Geistwesen erfahren.

Außer zu meinem Vater hatte ich vorwiegend Kontakt mit zwei seiner Brüder und einer Schwester. Die Familie lebte eine vorbildliche Zusammengehörigkeit. Alle Geschwister waren zeit ihres Lebens für die anderen da. Man half sich immer und immer wieder, oft gab es eine unbeschreibliche Zusammenarbeit, ohne jeden Anspruch. Dies auch trotz des Umstandes, dass diese Tanten und Onkel ja auch ihre eigenen Familien hatten. Ebenso wurden wir Kinder angehalten, Dienstleistungen aller Art für sie zu verrichten. Da sie in nächster Nähe oder teilweise im gleichen Haus wohnten, war ein reger Austausch auf natürliche Weise gegeben. Man konnte stets achtungsvoll miteinander umgehen, was mich selbst stark prägte. Die Achtung vor den Menschen und auch vor Tieren und Pflanzen hat meinen Lebensweg entscheidend geprägt.

Eine der Tanten, die ich häufig besuchte, hatte eine ganz besondere Begabung für Telepathie. Sie konnte einerseits Gedanken von Menschen lesen, andererseits aber auch solche senden, sodass die Empfänger ihre Botschaften auch ohne Worte klar und deutlich verstanden. Oft schaute sie mich an, ihre Augen strahlten innige Liebe und Güte aus, und dann wusste ich sofort, was sie von mir erwartete oder was ich zu tun hatte. Nach der Ausbildung zur Lehrerin führte sie ein Kinderheim. Von dieser liebenswerten Frau lernte ich manches von der spirituellen Seite des Lebens kennen. Sie zeigte mir auch verschiedene Handlungen, die in mir eine intensive magische Kraft entwickelten. Es waren meistens einfache Alltagshandlungen reiner weißer Magie, wie etwa, alles genau zu betrachten und geduldig zu beobachten. Vor allem half sie mir mit einfachen Worten, die Kraft des Selbstvertrauens kennenzulernen.

Eine mich prägende Verbindung hatte ich auch zu einem Onkel väterlicherseits. Von meinen eindrücklichen Erlebnissen während der vielen gemeinsamen Monate auf seiner Alp schrieb ich in meinen Büchern *Diesseits – Jenseits* und *Wanderer in zwei Welten.*

DIE KRAFT DER TELEPATHIE

Wie groß die telepathische Begabung meines Vaters war, konnte ich mehrfach erfahren. Eine Geschichte will ich hier erwähnen, da ich sie auf eindrückliche Weise erleben durfte. An einem Nachmittag während des Alpsommers bemerkte mein Onkel, dass einige wichtige Dinge des täglichen Bedarfs fehlten. Obwohl es schon später Nachmittag war und sich am Horizont dunkle Gewitterwolken zeigten, musste ich deswegen zum Einkaufen ins Dorf hinuntersteigen. Schnell hängte ich meinen Rucksack um und nahm den steilen Bergpfad unter die Füße. Doch diesmal hatte ich das nahende Gewitter unterschätzt. Schon blies ein kräftiger Wind durch die Baumwipfel, und das Donnergrollen war bereits eindrucksvoll laut. Unvermittelt war das Unwetter über mir. Im Wald wurde es dunkel, Regentropfen fielen und dann schlugen schon die ersten Blitze ein. Ich rannte den steilen, schlüpfrigen Pfad hinunter, in der Hoffnung, im Tal unten den anschwellenden Bergbach noch rechtzeitig überqueren zu können.

Der Regen prasselte jetzt auf das Blätterdach über mir und klatschte auf meine eilig übergezogene Regenjacke. Obwohl ich noch ein Kind war, hatte ich keine Angst. Gewitter gehörten zum Sommer und zeigten mir immer wieder die wunderbare urtümliche Kraft unserer Erde. Sorgen machte mir einzig der Fluss, denn diesen kannte ich nur zu gut. Innerhalb weniger Minuten konnte er zum reißenden Wildwasser werden. Ein Blitz schlug ganz in der Nähe in die Felsen. Es krachte fürchterlich, und ich spürte förmlich, wie der Boden leicht bebte. Nun war ich am Rand der Schlucht und sah unten das ansteigende Hochwasser wild und bedrohlich rauschend durch das Flussbett strömen. Ich rannte, die Blitze ignorierend und total durchnässt, einfach weiter. Als ich das Ufer erreichte, hatte das Wasser längst eine dunkelgraue Farbe, was bedeutete, dass bereits viel Sand und Erde mitgeschwemmt wurden. Aber ich hatte Glück. Mit kräftigen Sprüngen konnte ich, von Stein zu Stein hüpfend, den sonst harmlosen Bach überqueren. Dass meine Füße dabei noch nässer wurden, störte mich nicht mehr. Im von Sekunde zu Sekunde heftiger werdenden Regen rannte ich über das steile Ufer aufwärts. Nur weg vom Wasser! Denn zum einen stieg es mit bedrohlichem Tempo an, zum anderen wusste ich aus eigener Erfahrung, dass im Bachgerinne besonders gerne Blitze einschlagen.

Seit frühester Jugend hatte ich oft das Gefühl, dass eine schützende Hand mich leitet und mir den richtigen Weg weist.

Keuchend erreichte ich endlich am gegenüberliegenden Hang den Wald. Da der Regen nicht nachließ, entschloss ich mich, zu einer nahen Felshöhle zu laufen, die ich kannte. In ihrem Schutz atmete ich erst einmal erleichtert durch und beruhigte meinen zitternden, nassen Körper.

Zwar hatte mich die Jacke vor dem Regen geschützt, aber durch die Anstrengung war ich völlig verschwitzt. Schnell zog ich Rucksack und Jacke aus und hängte beides an einen trockenen Ast, der in einer Felsritze steckte. Dann schaute ich in den Wald hinaus, beobachtete den strömenden Regen, den jetzt mächtig rauschenden Fluss, und genoss meinen ungeplanten Aufenthalt in der trockenen Höhle.

Schon in meiner Jugendzeit wurde ich oft auf diese Weise geführt. Dann spürte ich jeweils eine schützende, lenkende Hand über mir und nahm ab und zu eine unglaublich starke Schwingung wahr – was mir die Gewissheit gab, in Sicherheit zu sein. In dieser Zeit lernte ich auch, damit zu leben, dass mir »verstorbene« Menschen begegneten. Weil ich selten in der Nacht unterwegs oder im Freien war, wusste ich nicht, ob die Geistwesen dann stärker wahrnehmbar waren. Mir reichte es allerdings vollauf, dass sie mir am Tag an den verschiedensten Orten begegneten. Meistens auf dem Schulweg, auf der Dorfstraße, beim Friedhof und natürlich in der Kirche. Dort waren stets die meisten dieser körperlosen Menschen. Manche waren klar und deutlich zu »sehen«, andere eher als Schatten oder flüchtige Umrisse.

Geistwesen können uns an vielen Orten und in den unterschiedlichsten Situationen des Alltags begegnen.

Ab und zu hatte ich bei solchen Begegnungen eine seltsame Angst und stets großen Respekt. Es ergab sich immer wieder, dass mein Weg durch ein Geistwesen blockiert war und ich erst überlegen musste, wie ich an ihm vorbeikommen konnte. Dabei war mir jeweils sehr eigen zumute, ein Gefühl der Hilflosigkeit und des völligen Alleinseins überkam mich. Doch dann erfüllte mich alsbald eine innere Ruhe, und die negativen Gefühle waren wie weggeblasen. Es war, als würde mich eine Kraft aus einem nicht erkennbaren Energiefeld berühren und innerlich ganz ausfüllen. Danach wurde mir jedes Mal erneut bewusst, dass ich »über« diesen Geistwesen stand und sie keine Macht über mich hatten. Tatsächlich konnte ich dann meinen Weg wie geplant fortsetzen: Entweder war das Wesen bereits einige Meter vor mir zur Seite gewichen oder wie vom Erdboden verschluckt. Aber ich traf auch auf Wesen, die ich als schön, freundlich und »anständig« empfand. Manche hatten einfach einen fröhlichen Ausdruck, bei anderen spürte ich trotz der Nähe nicht einen Hauch von Angst oder Unwohlsein. In dieser Zeit lernte ich die beschützende Kraft immer besser zu fühlen und mit ihr umzugehen. Daraus entstand schließlich das klare Bild einer kräftigen Hand über mir.

Doch zurück zu meinem Höhlen-Erlebnis. Wie ich also in dieser Felsengrotte dem Rauschen des Regens zuhörte und hoffte, dass das Gewitter bald nachlassen würde, stand plötzlich mein Vater vor mir. Im ersten Moment erschrak ich, doch sogleich überkam mich eine große Freude. Offensichtlich ging es meinem Vater ebenso. Wir schauten uns erst eine Weile schweigend an. Als ich ihm die Hand zum Gruß reichte, nahm er mich in seine kräftigen Arme. »Komm, wir wollen gehen«, sagte er schließlich und reichte mir einen Regenschirm. Nachdem ich die Jacke übergezogen und den Rucksack umgehängt hatte, verließen wir schweigend die Höhle und nahmen den restlichen Weg unter die Füße. Wie war ich froh, meinen Vater bei mir zu haben!

Erst als wir den Talboden erreicht hatten, brach er das Schweigen. Er habe zu Hause in einem geistigen Bild gesehen, wie ich die Alp verlasse, und er sei angesichts des nahenden Unwetters erschrocken. Die Gefahren, die mich bei einem derart heftigen Gewitter auf dem schlüpfrigen Bergpfad und beim reißenden Fluss erwarteten, kannte mein Vater aus eigener Erfahrung sehr gut. Kurz entschlossen eilte er mir entgegen. Aber wie hatte er mich in der einige Minuten abseits des Weges liegenden Höhle gefunden? Nun, er wusste einfach, dass ich dort war!

Erfahrungen dieser Art waren als Kind und Jugendlicher Teil meines Lebens. Ich versuchte gar nicht erst, eine sinnvolle Erklärung dafür zu finden. Später erhielt ich selbst in heiklen Situationen immer wieder solche blitzartigen Botschaften. Zu lernen, diese klar zu verstehen und richtig umzusetzen, wurde zu einer meiner Aufgaben. Oft konnte ich dadurch, wie mein Vater, anderen Menschen helfen und sie in einigen Fällen sogar retten.

Das Geheimnis unserer Seelen

Auf unserem Weg begegnen wir abgetrennten Seelenteilen, die Abspaltungen einer ursprünglichen Einheit sind. Wir verbinden uns wieder mit ihnen und können so unser Bewusstsein erweitern und uns weiterentwickeln. Das Endziel der unsterblichen Seele ist die Rückkehr in das All-Eine.

DIE SEELE AUF IHREM WEG

AUFSTEIGENDE SEELEN

Gott ist Einheit. Eins sein mit Gott bedeutet also immer, in der Spiegelung der göttlichen Kraft zu stehen. Wir waren nie Gott, aber göttlich. Wir werden nie Gott sein, aber sind gottgleich, das heißt, dass wir immer im Ebenbild Gottes sein werden. In dieser wunderbaren Kraft haben wir auch die Möglichkeit, schaffend und schöpferisch tätig zu sein. Es ist ein unglaubliches Geschenk, das wir dankbar annehmen dürfen. Ich denke, dass wir diese uns selbst gegebene Fähigkeit nie ganz erfassen und begreifen können. Wir glauben ja nicht einmal daran, diese uneingeschränkte Kraft des unendlich Schöpferischen zu besitzen.

Die, aus meiner persönlichen Sicht, unsterbliche Seele befindet sich seit Urzeiten auf einer Wanderung. Aus der göttlichen Dualität herausgelöst, im festen Glauben, selbst gottgleich zu sein, betraten wir den Weg des freien Willens, den uns Gott selbst zugestanden hat. So schlugen wir den Weg der eigenen Erfahrung ein. Unsere einst in der Ganzheit enthaltene vollkommene Seele begann sich zu teilen. Weil sich dadurch immer mehr Entwicklungsrichtungen öffneten, entstanden weitere Teile mit eigenem Bewusstsein.

Auf diese Weise verzweigte sich das »Große Ganze« in eine wachsende Zahl von Seelenteilen, die ihre eigenen Erfahrungswege gingen. Deshalb ist es nicht zwingend, dass sich auf der Erde inkarnierte Seelen unter allen Umständen erkennen müssen, obwohl sie derselben Einheit entstammen. Es gibt verschiedene Stufen von »Nähe«, wie die später vorgestellten Fallbeispiele (Seite 78 ff.) zeigen.

UNSER KARMA

Karma ist die Bezeichnung für ein entstandenes Energiefeld, das ich in einem Leben erarbeite. In einer neuen Inkarnation suche ich mit diesem Teil in Balance zu kommen, damit es seine einstige Wirkung auflöst. Handlungen, die energetisch ein Ungleichgewicht erzeugen, bewirken eine magnetische Kraft, wie eine energetische Spannung, die zum Ausgleich drängt. Karma beschreibt das Prinzip von Ursache und Wirkung, allerdings nicht nur auf körperlicher, sondern auf energetischer Ebene. Es ist mit dem Kreislauf der Wiedergeburten verbunden. Der Begriff Karma kommt aus dem Sanskrit und bedeutet so viel wie »machen, tun« oder auch »Rad«.

Wir Menschen werden durch unsere wechselseitigen karmischen Beziehungen zusammengeführt. Und so kommen im Laufe der Zeit immer wieder neue Begegnungen dazu. Man kann daher wohl generell sagen, dass vieles, was uns im Leben »zufällig« trifft, mit unserem Karma aus vergangenen Erdenleben zusammenhängt. Aber eben nicht alles. In jedem Augenblick kann auch Neues entstehen, denn der Weltenordnung ist es ernst mit unserer menschlichen Freiheit.

Im seelischen Sinne verwandt zu sein bedeutet, dass in diesem oder in vorangegangenen Leben eine gemeinsame Entwicklung abläuft oder ablief. Doch irgendwann geht sie in die Gegenrichtung: Seelenteile trennen sich nicht weiter ab, sondern suchen wieder nach »ihren« nächsten Teilen, um dann gemeinsam den Weg zurück auf eine ganzheitliche Ebene anzutreten. Diese uns nächsten Teile erkennen wir an einer sich gegenseitig anziehenden Schwingungsfrequenz. Es gibt keine Zufälle, aber weil das, was hinter all den uns verborgenen »Welten« wirkt, was alle Vorstellungen übersteigt, wissen wir »vordergründig« nicht, warum sich plötzlich zwei Seelen »wieder«begegnen. Dies ist jedoch auch nicht wichtig, denn was vor allem zählt, ist, dass sich uns mit einem Seelenpartner große Entwicklungsmöglichkeiten eröffnen. Der Weg des Karmas schließt ja auch die Zukunft mit ein, denn was wir jetzt tun, bleibt nicht ohne Folgen – sei es in guter wie in schlechter Hinsicht.

DAS STREBEN NACH GANZHEIT

Die Vorstellung, dass unsere persönliche Seele auf ihrem Weg dereinst wieder ins Paradies finden und dort ewig weiterleben wird, ist stark im Menschen verankert, denn in der Religion der Juden, Christen und Moslems wird dieser »Endzustand« seit Jahrtausenden beschworen. Es ist auch leicht nachvollziehbar, dass das, was getrennt wird, wieder nach Ganzheit strebt. Dies können wir vielleicht in unserem eigenen Familien- oder Freundeskreis beobachten. Man trennt sich, aber sucht doch meist immer wieder den Kontakt und sogar die Nähe geliebter und befreundeter Menschen. Wenn abgetrennte Seelenteile erkennen, dass sie als solche nicht wirklich wachsen können, »suchen« sie ebenfalls nach ihren sie ergänzenden Teilen. Das Streben nach Ganzheit haben wir tief im Unbewussten, in unserer Seele festgeschrieben, die den Kern des Göttlichen in

sich trägt. Wie verirrte Schafe suchen wir stets den Weg zurück zur Herde, zur Ganzheit, zur Einheit. Erst dort finden wir wirklichen Schutz, Geborgenheit oder eben »Heimat«.

Wir begegnen auf unserem langen Erfahrungsweg also abgetrennten Seelenteilen und verbinden uns wieder mit ihnen. Doch kaum ein Mensch ahnt, dass er bereits aus mehreren solchen Seelenteilen »besteht«. Wenn sich abgetrennte »Ichs« zu einem »Wir« verbinden, entsteht ein neues, erweitertes Ich-Bewusstsein. Dieses Zusammenfügen verläuft ebenso in aufeinanderfolgenden Bewegungen wie zuvor das Abtrennen. Unter gewissen Umständen können wir in einem Menschen so etwas wie ein Duplikat sehen oder ihn gar als Doppelgänger erkennen. Durch das Zusammenfügen werden wir unser Bewusstsein ständig erweitern, nicht nur durch das, was wir »selbst« lernen und erleben, sondern vielmehr, indem wir durch das »Zusammenschließen« zu einer Ganzheit wieder eins werden. Auch auf diese Weise kann eine Bewusstseinserweiterung oder gar sogar eine Gesamtentwicklung stattfinden.

Die große Schwierigkeit besteht darin zu erkennen, dass in unserer Welt einerseits unendlich viele andere Ichs existieren und durch unsere Entscheidung, mit anderen Seelen »zusammenzugehen«, andererseits ein neues Ich entsteht. Dadurch nimmt die Geschwindigkeit unserer Erkenntnisfähigkeit mehrfach zu, wodurch wir uns wesentlich schneller spirituell wie auch kosmisch entwickeln können. Wir sind dabei an keine Zeitspanne gebunden, können die Schranken der Wahrnehmung durchbrechen und demzufolge die materielle Ebene mehr und mehr verlassen. Da wir einst reiner Geist waren, können wir – durch einen offenen Informationsfluss der Raum-Zeit-Verbindungen – in diese höchste Schwingung zurückkehren.

Interessant dabei ist der Umstand, dass wir durch unsere irdischen Leben materiell individuell außerordentlich stark geprägt werden. Dies hat zur Folge, dass wir auch nach unserem körperlichen „Weggehen“ diese materielle Welt in die Ganzheit mitnehmen. Das heißt, auch unsere nächste Ebene, die wir als Ziel wählen, wird – wenn auch nur geistig – sehr materiell geprägt sein.

Unsere Vorstellungen von Raum und Zeit sind Illusionen. Es stellt sich die Frage: Wie können wir erkennen, was wirklich ist, wenn unsere selbst erschaffenen Realitäten auf Illusionen gründen?

Wie sich die Eiskristalle im Wasser spiegeln, so stehen auch wir in der Spiegelung der göttlichen Kraft.

DIE DREI STUFEN VON SEELENVERBINDUNGEN

SEELENVERWANDTSCHAFT

»Einfache Seelenverwandtschaften« ergeben sich sehr oft durch Inkarnation in eine Familie. Die Ahnen sind unsere Wurzeln – wir kommen aus der »Urseele«, der Quelle unserer Ahnenseelen. Diese umfasst das All-Eine, dem wir entstammen, und hat nicht nur mit den uns vorausgegangenen Menschen zu tun. Man könnte auch von einer »Überseele« sprechen, die wir als Ahnenteil erkennen. Natürlich sind auch all die nächsten Ahnen wichtig, aber sie entsprechen nicht der Kraft der Urahnen, bei denen wir einst »zu Hause« waren und durch die wir immer wieder direkt Hilfe erhalten.

Die Kraft unserer Vorfahren, die unsere Wurzeln sind, begleitet und hilft uns auf unserem Lebensweg.

VOLKSSEELE

Die »Volksseele« kann mit ihrem umfassenden Bewusstsein alle individuellen Beiträge der Menschen eines Volkes zu einer kulturellen Einheit verbinden. Dieser übergeordnet ist die »Zeitseele« bzw. der »Zeitgeist«. Die Intuitionen eines Zeitgeistes sind die Gedanken, die zu einer gewissen Zeit allen Menschen und allen Völkern gemeinsam sind. Diese Kraft steht auch für den Beginn und die Dynamik einer neuen Zeit.

Kreis und Spirale symbolisieren die Ordnung allen Seins. Sie stehen für Einheit und Ganzheit, auch für das »Ich bin«.

Man muss zudem verstehen, dass hinter dem Schöpferischen stets Hierarchien stehen, die auf die feinstoffliche Ebene unserer Seelen Einfluss nehmen. Wir haben meistens etwas mit den Menschen (Seelen) in der Familie zu tun, in die wir inkarnieren, weil wir dieser Sippe irgendwie angehören. Eine direkte Beziehung, also eine Seelenverwandtschaft, muss nicht zwingend bestehen, aber nach meiner Erfahrung und Kenntnis ist es in den meisten Fällen so.

SEELENTEILE

»Seelenteil« wird ein Teil des Menschen genannt, der bereits zu einem neuen Ich-Bewusstsein geworden ist. Er muss sich jedoch erst vollständig dieser Integration mit den übrigen Seelenteilen hingeben, das heißt, zum neuen Ich als Einheit zusammenwachsen. Oft geschieht dies in einer Jenseitswelt und nicht auf dieser Erde. Der wiedergeborene Mensch kann sich als »neue Seele« oder »Ganzheit« durch weitere Erfahrungen ergänzen, vervollkommnen und sich damit weiterentwickeln. Ist dieses »Zusammengehen« der Seelenteile bei einer neuerlichen Inkarnation aber noch nicht gefestigt, kann eine erneute Abspaltung stattfinden. Entweder zieht sich dieser Seelenteil schon in der Schwangerschaftszeit zurück (er

DAS ICH

Ein »Ich« ist immer eine umfassende Einheit in der gegenwärtigen Inkarnation. Das heißt, dass jede Inkarnation eine andere »Seelenkraft« besitzt. Wir können – je nach Entwicklung – aus vielen oder wenigen Seelenteilen bestehen. Deswegen können auch Abspaltungen entstehen, für eine sehr kurze, aber auch längere Zeitspanne. Meist finden sie den »Weg« zur Einheit – dem Ich – selbstständig zurück. In solchen Fällen ist ein medizinischer Eingriff – vorwiegend in der Psychiatrie angewandt – völlig falsch und nie zielführend.

ist bereits als Neugeborener stark geschwächt) oder im Laufe des Lebens infolge außergewöhnlicher Ereignisse wie starkem Schock, schwierigen Lebensumständen, schwerer körperlicher Krankheit oder Unfall. Dieser Seelenteil bleibt aber als Teil des inkarnierten Menschen bestehen und »wartet« in einer Zwischenwelt auf den Moment, in dem er sich mit dem ganzen Ich wieder zusammenfügen und sich gewissermaßen wieder dazugesellen kann. Ein sogenannter »verlorener Seelenteil« kann einem inkarnierten Individuum mittels seriöser schamanischer Arbeit (siehe dazu Seite 73 f.) wieder aus dieser Zwischenwelt zurückgeholt und eingesetzt werden (»Seelenrückführung«).

DUALSEELEN

Eine Seele kann sich je nach Entwicklungsstadium auch in zwei Teilen inkarnieren. Dies ist eher selten, kommt jedoch in unserer vor einigen Jahrzehnten angebrochenen Zeitenwende immer häufiger vor.

Ein Grund für diese duale Lebensweise ist die Möglichkeit der bewussten Erweiterung von Erfahrungen. Da in einer einzigen Inkarnation zwei menschliche Lebenswege gleichzeitig beschritten und erlebt werden, kann ein entscheidender Sprung in der Entwicklung des Bewusstseins – bei einem späteren Zusammenschluss – erfolgen.

Seelen dieser Art erkennen sich eindeutig, auch wenn die beiden oft nicht wissen, weshalb sie zu diesem anderen Menschen eine derart starke Beziehung spüren respektive sich von ihm angezogen fühlen – und sich vor allem vollkommen verstehen. Sie spüren auch alle Schwankungen der Gefühlsebene der anderen Seele, ja leiden oft darunter. Manches ist für sie jedoch häufig schwierig zu verstehen, erscheint verworren, rätselhaft und ist keineswegs leicht zu ertragen. Solche inkarnierten Seelen in Dualität sind zum Beispiel eineiige Zwillinge oder die erwähnten »Doppelgänger«.

Finden sich zwei Seelenteile, die als zwei Menschen inkarniert gleichzeitig auf dieser Erde leben, so ist es, als würden sie ihrem Spiegelbild begegnen.

DIE SEELE ALS ICH ODER DU

WIE POLARITÄT ENTSTEHT

Man erkannte in der Geschichte schon früh, dass der Mensch sich weiterentwickelt, indem seine Seele durch ständiges Lernen in die Dimensionen des Verstehens aufsteigt. Das Endziel der menschlichen Entwicklung ist dementsprechend eine Seele mit gottgleichen Fähigkeiten, die nach Belieben zwischen Diesseits und Jenseits wechseln kann. Sie besitzt in beiden Welten eine umfassende Schöpferkraft, ist längst nicht mehr auf einen Körper angewiesen und hat die Möglichkeit, Dinge zu materialisieren oder Materie aufzulösen respektive umzuformen. Ihr Körper kann sehr unterschiedlich sein, da jede Sphäre ihre eigene Energie hat und sich die Seele dementsprechend einen zur lokalen Schwingung passenden Körper »zulegt«. So wie unsere »Hülle« zum Planeten Erde passt, legt sie sich in anderen Welten unterschiedliche, aber ebenso zweckdienliche Körper zu. Immer vorausgesetzt, dass diese außer dem unvergänglichen, feinstofflichen Körper als notwendig gelten.

Wir sind alle Wesen, welche die nötige Entwicklung und Reife haben, um zu erkennen, was gegenwärtig in unserer Welt an Veränderungen passiert. Wir stehen jetzt an einer Schwelle in der Entwicklung, wo die Vielfalt der Seelenkräfte und deren göttlicher Ursprung wiederentdeckt werden muss. Dabei ist zu beachten, dass der Mensch das erweiterte Ich-Bewusstsein nicht verliert. Je weiter das Bewusstsein eines Wesens reicht, desto schöpferischer wird auch sein Handeln.

In dieser Vielfalt wird es für viele schwer, den wirklichen Sinn ihres Lebens zu erfassen und zu verwirklichen. Der Mensch lebt zwischen Tag- und Nachtwissen, Körper und Geist, Selbst und Ich, wenn die Entfaltung seines Wesens in den Vordergrund tritt. Unsere Umwelt ist fortan durch das Denken des Menschen geprägt. Einerseits steht jedem alles relevante Wissen in Form des Internets und der Datenbanken zur Verfügung, andererseits wissen die meisten nicht, was sie mit der Flut an Informationen anfangen sollen. Doch hier liegt der wunde Punkt. Es ist alles die Ebene unseres Gehirns – einem rein der Materie angehörenden Teil unseres physischen Körpers. Und wir dürfen gerade da erkennen, dass wir weit mehr sind.

Die Seele, also das »Ich bin«, so ist es in der Schöpfung vorgesehen, soll in ihrer Entwicklung nur eine kurze Zeit auf dieser Erde verweilen, um sich in dieser Zeit das Rüstzeug anzueignen, das sie zu ihrer ganzheitlichen Ausbildung braucht. Eine »kurze Zeit« kann nach unseren irdischen Begriffen absolut Jahrtausende bedeuten, da es in der Ewigkeit keine Zeit gibt. So kehrt unsere Seele auf diese Erde zurück, bis sie die Stufen dieser Ebene erfahren und wirklich verstanden hat. Dann müsste jede aufsteigende Seele einen Platz als Schöpferwesen erhalten. Da es aber schlussendlich nur ein Höchstes geben kann, musste sie eine andere Form des Bewusstseins finden. Damit veränderte sich etwas ganz Entscheidendes: Die Polarität entstand. Mit dem ersten Gedanken entstand das Ich-Bewusstsein. Darauf erkannten sich die Ichs gegenseitig als ein Du. Als logische Konsequenz der Trennung entstand also durch die Wahrnehmung des ersten Gedankens sowohl das Ich wie das Du.

Wie sich die Landschaft im Element Wasser, der Quelle des Lebens, spiegelt, so erkennt sich auch das Ich in einem Du.

DIE URSPRÜNGLICHE EINHEIT

Am Anfang also war alles EIN Bewusstsein. Eigentlich lässt sich die Polarität ganz einfach beschreiben, ist jedoch schwer zu begreifen. Sie ist der Weg vom Ich zum Du, von der Egozentrik zur Verantwortung für das Ganze. Und dieses umfasst ebenso die Schöpfung in ihrer Gesamtheit wie das Universum. Es ist also ein totalitärer Machtanspruch, als Individuum das Ganze sein zu wollen. Es ist der Anspruch derjenigen, die in der Macht des Dunklen, an der Kehrseite des Lichts arbeiten. Abgefallene Götter, Dämonen, dunkle Geister oder wie man sie auch nennen will, erdachten die Trennung, und wir, als Menschen inkarnierte Wesen, waren begeistert, denn es war ein Experiment des Aufbruchs und Ausprobierens. Nun begannen sich die nach der Dunkelheit strebenden Seelenteile weiter aufzuspalten. Unaufhaltsam nahm die Zahl der Teile bis zum heutigen Tag zu. Forscher auf dem Gebiet der Physik entdeckten immer kleinere Teil-Einheiten und erkannten, dass sich das Universum gleichzeitig ausdehnt. Fazit: Das Ganze begann mit dem »Fall der abgefallenen Götter«, also letztendlich unserem eigenen Fall. Wir waren einst eins in der höchsten Kraft, der Kraft der Liebe, eins mit und in Gott, der allumfassenden Einheit.

Das Licht der reinen göttlichen Liebe, die über allem steht, ist, wenn auch meist unerkannt, stets vorhanden.

Doch diese Liebe kennen wir hier auf der Erde nur ansatzweise. Denn wirkliche Liebe hat nichts mit der Anziehungskraft menschlicher Körper zu tun. Liebe, wie sie der Mensch erlebt, hat nur sehr wenig mit der göttlichen Liebe gemeinsam und ist vor allem ein starkes, ja teils sehr starkes Schwingungsfeld von gelebten und empfundenen Gefühlen: eine Schwingung, die wir in dieser grobstofflichen Ebene des Seins als Menschen wahrnehmen können. Göttliche Liebe ist die schaffende Kraft, die über allem steht, niemals wertend ist und absolut urteilslos schwingt.

Diese Liebe kennt keine Abgrenzung oder Ausgrenzung, denn sie ist vollkommen und von reinstem Licht widergespiegelt. Sie manifestiert sich in spirituell hoch schwingenden Wesen, erhabenen Seelen, die sich freiwillig inkarnieren, um den Menschen auf dieser Erde zu dienen. Solche in selbstloser Liebe wirkende Menschen gibt es mehr, als man hier aufzählen könnte.

Wenn »Ich« und »Du« dasselbe haben wollen, wer bekommt es dann schlussendlich? »Ich«, ist die logische Antwort der beiden Gegner. »Ich« kann jetzt ein reicher, wohlhabender Mensch sein, während »Du« praktisch nichts hat, womöglich die meiste Zeit mit Betteln verbringt. Der Mensch kann zwar die unmittelbaren Konsequenzen seines Handelns erkennen, aber wenige sind sich bewusst, welche Schuld sie möglicherweise auf sich nehmen. Wenn ich im luxuriösen Auto durch die Stadt fahre und nicht wissen will, dass du am Bahnhof bettelst, kann ich ruhig meine Fahrt genießen. Gut und Böse sind keine Frage einer klar nachweisbaren Wahrheit, sondern eine Frage des Wissens. Man kann seine Seele nicht hintergehen. Deshalb zählt, was man gewusst hat, nicht das, was man hätte wissen können oder müssen. Es gilt deshalb zu bedenken, dass Handlungen, die auch nur einen einzigen Mitmenschen auf irgendeine Weise schädigen oder ausbeuten, in die dunklen Ebenen führen. Die Tat an sich ist also weniger wichtig als die Absicht, die mit ihr verbunden ist. Es gilt nach wie vor: «Was du nicht willst, dass man dir tu, das füg auch keinem andern zu.« Oder: »Behandle den anderen so, wie du möchtest, dass man dich behandelt.«

DIE AUFSPALTUNG DER SEELEN

Ich habe diesen kurzen Einschub gewählt, um aufzuzeigen, dass bei der Zusammenkunft zweier Seelenteile jeder von ihnen auch die Taten des anderen übernimmt. Es ist wichtig, dies zu wissen. Gemessen daran, wie wir heute »das Böse« definieren, ist dieser ursprüngliche Akt des sich »Spaltens« oder »Abspaltens« nichts Böses. Doch die Aufspaltung der Seelen war der Beginn der Polarität und damit der Ursprung von positiv und negativ. Was wir als das eine oder andere bewerten, richtet sich nach unseren gewohnten Denk- und Verhaltensmustern, die auch bestimmen, auf welcher Ebene sich das individuelle Bewusstsein wieder bildet.

Die Idee der Trennung war ein geistiges Ereignis, aus dem die Polarität entstand. (In der Numerologie, dem Wissen der Zahlenlehre, zu der ich seit Jahren Kurse gebe, erkennen wir in diesem Zusammenhang die Zahl zwei.) Und mit der Polarität trat auch die Angst ins Leben. Meist erzeugt der Mensch seine Ängste auf »Vorrat«, da er sich vor etwas fürchtet, was nie eintreffen wird. Angst ist jedoch kein Gefühl, sondern ein geistiger Akt, eine reine Illusion. Sie entsteht aus den eigenen, auf nicht erkennbare Ereignisse ausgerichteten Gedanken und löst emotionale wie körperliche Reaktionen aus. Wir mögen diese als unangenehm oder gar angenehm bewerten, sollten uns aber bewusst sein, dass dahinter keine objektive Ursache steht. Es ist daher verständlich, dass uns die Weisen der Welt lehrten, im Bewusstsein stets »hier und jetzt« zu sein. Das wirkliche Geschehen im Leben wird in dem Moment wahrgenommen, wo es tatsächlich geschieht.

Durch die fortschreitende Aufspaltung der Seelen in einzelne Individuen wurde die erschaffene Negativität, aber auch das Positive, immer stärker. In unserer realen Welt gibt es auf der einen Seite immer mehr Bosheit, Hass, Niedertracht, terroristische Anschläge und dergleichen mehr an Bösem (niedere Schwingungsebenen, die ihren Grund in der geistigen Entwicklung einer Seele finden). Auf der anderen Seite findet gleichzeitig auch eine immer stärker werdende Suche nach Gott statt, ein Erwachen und Erkennen. Daran können wir einmal mehr sehen, dass die göttliche Liebe in ihrer ganzen Kraft, meist unerkannt, vorhanden ist, und diese »Liebes-Sehnsucht« dazu führt, in das Eins-Sein zurückzukehren. In diesem Fall wollen sich die Einzelteile wieder zusammenfügen. Und damit bin ich wieder beim Thema »Seelenteile«.

DER WEG ZUR NEUEN EINHEIT

Es ist wichtig zu verstehen, dass sich »Leben« nicht auf diese materielle Welt beschränkt. Die vielen oder wenigen Jahre, die wir hier als Gast verbringen, sind zwar für unseren Lernprozess von großer Bedeutung, aber nicht für unser ganzes Sein. Es ist ein beinahe unbedeutender »Augenblick«, den wir während unseres Erdenlebens natürlich als überaus wichtig erachten. Verlassen wir jedoch unseren Körper wieder, erkennen wir sehr bald, dass uns ein viel weiteres, uneingeschränktes Bewusstsein eigen ist. Dimensionen öffnen sich, über die wir in dieser materiellen Ebene nicht einmal nachdenken wollten, obwohl Seherinnen und Propheten uns stets davon erzählten.

In der gesamten Entwicklung all unserer Erfahrungsebenen gehören wir hier auf dieser Erde vielleicht einer der Religionen an. Oder wir besitzen unsere eigenen Ansichten, Vorstellungen oder glauben an gar nichts, das heißt, einfach in der Materialisation leben und danach nichts mehr. Für unseren Weg der Entwicklung in die höheren Ebenen ist dies langfristig nicht entscheidend. Für eine gewisse Zeit schon, da wir ja in jedem Fall von Glaubenssätzen, eigenen Mustern und Vorstellungen geprägt sind. Dem können wir nicht ausweichen. Doch in den Jenseitswelten – wo wir uns so oder so wiederfinden werden – zählt nur noch unsere eigene, rein persönliche Entwicklung. In der Zeit der Unendlichkeit löst sich all das »Gewesene« früher oder später auf. Wir werden also letztendlich immer unseren ganz persönlichen Weg gehen. Und da sind Tausende von Variationen möglich.

Wenn ich jetzt erneut über Seelenteile spreche, dann meine ich jene Seelen, die sich durch all die Inkarnationen »durchgekämpft« haben und nun bereit sind, ihr Ich-Bewusstsein aufzugeben und so in eine höhere Stufe der Schwingung einzugehen. Ich spreche von der Gegenrichtung der Abspaltung und Teilung.

Wir bereiten uns auf dieser Erde dafür vor, um nach dem Verlassen unseres Körpers vom »Ich« in das »Du« einzugehen beziehungsweise ein »Wir« zu werden. Da die zwei Bewusstseine jetzt zusammenfließen, entsteht dementsprechend wieder eine Einheit, also ein neues »Ich« in höherer Form. Der Strom des Zusammenkommens weitet sich aus, und immer mehr Seelen werden jetzt in Resonanz mit dieser neuen Ebene schwingen. In diesem höheren Bewusstsein gehen wir danach unseren Weg weiter, um irgendwann ganz in das Einzige einzugehen, von dem wir uns einst getrennt und entfernt haben! Dieser Vorgang ist ein eigentlicher Sprung in der Entwicklung des Bewusstseins, was mit ein Grund ist, weshalb heute so viele Seelen auf dieser Erde inkarniert sind. Von dieser neuen Entwicklung wird schon seit Langem gesprochen, geschrieben und gepredigt, doch die Menschen konnten sie bisher kaum begreifen. Oder wollen sie nicht? Und nun stehen wir mitten in der Schwingung einer neuen Zeit.

SEELENTEILE FINDEN

BEGEGNUNGEN UND VERBINDUNGEN

Ob jetzt die Zeit gekommen ist, in der etwas Neues gewaltig anbricht, oder ob diese intensiven Erfahrungen schon immer gemacht wurden, kann ich nicht abschließend beurteilen. Wenn man mit offenen Augen die gegenwärtige Weltlage betrachtet, stehen die Zeichen jedenfalls auf umfassende Veränderung. Es kann aber durchaus sein, dass die Menschen ihre Erfahrungen, je nach Lebensweise und Lebensführung, und diese Erkenntnis auf eine völlig andere Art interpretieren. Jetzt, da vieles im Wandel ist, begegnet man offensichtlich auch diesem Zeitenwandel und den daraus gewonnenen Erkenntnissen über ein neues Phänomen sicher weitaus offener als noch vor einigen Jahren. Wir leben nun schon eine Weile in einer Phase des sichtbaren Umbruchs. Damit verbunden ist eine Lösung des menschlichen Ätherkörpers (für den Aura-Sichtigen eine klar erkennbare feinstoffliche Veränderung neu dominierender Schwingungsebenen), was bewirkt, dass immer mehr Menschen die subtilen Bereiche dieser Erde wahrnehmen können. Das heißt, der Schleier, der uns von übersinnlichen Sphären trennt, wird immer dünner und poröser. In meiner Arbeit mit Menschen aller Bevölkerungsschichten kann ich dies seit Jahren deutlich beobachten. Zur ätherischen Welt gehören sämtliche Lebensprozesse in der menschlichen Konstitution und in der Natur. Auch die Elementarwesen muss man hier hinzuzählen.

Ich will nun näher auf das Finden, Aufspüren und Erkennen eines eigenen Seelenteils eingehen. Im Laufe meiner Arbeit als geistiger Heiler bekam ich zahlreiche Lebensgeschichten zu hören. Die Möglichkeiten, sein Leben hier auf dieser Erde in irgendeiner Form selbst zu gestalten und es dann entsprechend zu erfahren, sind überwältigend vielseitig und vielfältig. Es gibt beinahe jede vorstellbare Version. Diese Fülle von Gestaltungsmöglichkeiten wundert mich längst nicht mehr. Ich sage bewusst »gestalten«, denn es sind die eigenen Kräfte, der eigene Wille und der persönliche Hintergrund, die bewusst oder unbewusst das eigene Verhalten bestimmen. Kurzum, der Mensch lebt in einer Welt, die er sich selbst »vormacht«, mit seinen eigenen Gedanken fortwährend erschafft. Diese Tatsa-

Die Sonne: Symbol für das Licht des Lebens, Emanation des Göttlichen, lebendiger Geist, der eine Verbindung mit unserem Geist herstellt.

Dunkle Seelenteile, die verloren gegangen sind, bleiben oft noch an tiefere Ebenen gebunden.

nissen in einem vergangenen Erdenleben entwickelt haben, es muss aber nicht zwingend so sein. Ebenso muss nicht jede neue Erfahrung in ihrer Beziehung karmisch notwendig sein, auch wenn beide durch frühere Inkarnationen miteinander verbunden sind. Menschen begegnen sich nicht zufällig, doch sie können verschiedene Möglichkeiten ihrer weiteren Entwicklung wählen.

Oft geht es auch um eine karmische Beziehung aus einem früheren Erdenleben: Wenn wir mit bestimmten Menschen zusammenkommen, die uns etwas lehren und aufzeigen, oder mit denen wir uns auf Anhieb sehr gut verstehen beziehungsweise eine gleiche Schwingung erkennen, mit denen wir vielleicht zu kämpfen haben und häufig erst im Rückblick erkennen, dass wir mit dem anderen wirklich verbunden sind. Man hat sich offenbar unbewusst gesucht. Viele von uns treffen manchmal zufällig Menschen, die das eigene weitere Leben wesentlich beeinflussen oder gar prägen. Wie sagt man doch: »Die alten Bekannten werden uns immer wiederfinden und wir sie.« Das Auffinden oder Zusammenkommen von Seelenteilen geschieht durch zwei unterschiedliche Vorgänge: Im einen geht es darum, abgetrennte Teile wieder zu integrieren; im anderen, ihnen als inkarnierte Menschen zu begegnen.

In meinen seit Jahren durchgeführten Waldseminaren kommen Verbindungen dieser Art beinahe jedes Mal klar zum Ausdruck. Menschen aus allen Teilen des Landes melden sich an. Niemand »kennt« sich. Am Tag des Seminars erfahren sie mit Erstaunen und Freude, dass die ganze Gruppe eine starke Verbindung hat, ja offensichtlich an diesem Tag zusammengehört. Und jedes Mal sind mindestens zwei Paare da, die an demselben Tag Geburtstag haben. Also vier bis sechs Menschen, die parallele Schwingungen aufweisen. Eine äußerst interessante Erfahrung.

SEELENTEILE INTEGRIEREN

Durch die Wiedergeburt muss der Mensch einen Teil seiner Erfahrung zurücklassen – er kommt aus einer der Anderswelten, einer Ebene, die dem Stand seiner Entwicklung entspricht –, was bedeutet, dass er auch einen Teil seiner Seele verliert. Er lebt gewissermaßen nur einige Facetten seiner Ganzheit, weshalb er gegenüber früheren Inkarnationen oft sehr unterschiedliche Persönlichkeiten und Charakterzüge annimmt. Es kommt auch vor, dass Seelenteile von anderen Menschen »mitgenommen«, sprich: gestohlen werden, um sich deren Energie anzueignen und dadurch die eine oder andere Eigenschaft oder Fähigkeit zu besitzen. Solche Menschen sind sich nicht bewusst, dass die fremde Energie nicht mit ihrer eigenen energetischen Schwingung kompatibel ist und daher für sie keinen Nutzen hat. Für den Bestohlenen ist sie jedoch lebenswichtig. Der Vollständigkeit halber muss ich hier anfügen, dass nichts einfach so geschieht. Im umfassenden Erfahrungsweg einer Seele sind viele Dinge vordergründig nicht verständlich – in der Ganzheit des Lernprozesses aber eben vonnöten.

Wenn die Seele zweier Menschen in einem Vorleben verbunden war, müssen diese sich nur dann wiederfinden, wenn die Folgen ihrer Handlungen über ihr damaliges Leben hinausreichen. Was einst ausgelöst wurde, muss jetzt aufgearbeitet werden. Um ihre karmischen Angelegenheiten gemeinsam zu klären, werden beide danach streben, wieder im selben Zeitraum inkarniert zu werden.

Interessanterweise sind sich Menschen, die über ein Ich-Bewusstsein verfügen und ihre Wahrnehmung entsprechend lenken, kaum bewusst, dass sie bereits aus mehreren Seelenteilen bestehen; Seelenteilen, die der Entwicklung des seit Urzeiten nach einem höheren Ideal strebenden Bewusstseins folgen. Entwicklung heißt daher auch, immer wieder mit anderen Teilen zusammenzugehen, so wie dies im Leben geschieht, wenn man etwas alleine nicht erreichen kann. Es ist wie ein innerster Ur-Drang, sich mit Kräften zu verbinden, mit denen oder durch die man sich, dem innersten Lebensplan folgend und in vielen Etappen, seinen Zielen nähern kann. Seelenteile fügen sich zu einer Einheit zusammen, um als gemeinsame Kraft, als ein neu entstandenes Ich einem neuen Lebensziel zu folgen.

Als verkörperte Menschen haben wir mit dem Bewusstsein und dem Unbewussten ohnehin zwei scheinbar selbstständige Geistteile oder Geistwesen. Beide erfüllen ihren Anteil an der Arbeit bei den allgemeinen Aufgaben des Lebens und Denkens. Das Bewusstsein ist jedoch in dieser Form nur in dieser körperlichen Erdenwelt wichtig.

Seelenteile sind unvergänglich und läutern sich im Laufe der Zeit zu göttlicher Reinheit. Solange sie noch nicht so weit geläutert sind, um in einen gesamten, höheren Geistkörper einzugehen, leben sie auf Ebenen weiter, wo sie die bestmöglichen Voraussetzungen finden, um sich umfassend weiterzuentwickeln. Dabei ist das Unbewusste ihr innerer Führer.

Unter gewissen Umständen werden Seelenteile auch unbewusst wieder abgegeben, um den Empfänger zu stärken oder um die energetische Verbindung mit ihm zu halten. Dies kann auch zwangsweise entstehen, wenn die Seele eines Verstorbenen in einen Menschen eindringt, um in dessen Körper weiterzuleben. Man nennt dies eine »Besetzung«, was beim Empfänger nicht selten zu geistiger Verwirrung und zu Schwächeanfällen führt. Es gilt dann, diese Seelen wieder zu entfernen und ihrem wahren Bestimmungsort zuzuführen; Letzteres immer dem freien Willen einer Seele entsprechend, jedoch nicht mehr mit der zuvor besetzten Seele.

Wenn es die Entwicklung des Menschen erlaubt, kann der eine oder andere Seelenteil aus der Ganzheit abberufen und in die aktuelle Inkarnation integriert werden. So werden psychische Inhalte (Lebensteile) früherer Existenzen verarbeitet, was aufzeigt, wie das Unbewusste stets versucht, auf dem Weg der Entwicklung weiterzugehen. Gelingt es ihm, hat dies für den Menschen eine Stärkung der inneren Kraft sowie eine Erweiterung des Bewusstseins zur Folge. Durch die Verflechtungen vergangener Leben entwickelte sich ein Karma, das in Seelenteilen als mehr oder weniger bewusste Erfahrung weiterwirkt. Die Schwächen und Hindernisse im jetzigen Leben sind unmittelbar damit verbunden. Es besteht somit kein Anlass, über eventuelle »Rückfälle« oder »Stillstand« zu klagen, werden doch Fortschritte erst möglich, wenn wir die Konflikte lösen, indem wir diese Teile integrieren.

Bei vielen Menschen existieren daher auch dunkle Seelenteile, die immer noch an tiefere Ebenen gebunden sind. Würde sich unsere gesamte Seele verkörpern, könnten die zahlreichen niedrigen Elemente den Menschen beherrschen und in diese Tiefen zurückziehen. Statt sich allmäh-

Manchmal fügen sich zwei Seelenteile zu einer neuen Einheit zusammen, zu einer gemeinsamen Kraft.

lich durch Verbindung mit positiv wirkenden Kräften zum Höheren strebend weiterzuentwickeln, würde die Seele von den erstarkten negativen Kräften daran gehindert. Dass der Mensch nach Bedarf auf eine vielfältige Auswahl an Seelenanteilen zurückgreifen kann, liegt an einer fürsorglichen höheren Macht, die bemüht ist, die Entwicklung des Menschen zu fördern, und auf diese Weise verhindert, dass er in ein Chaos der Zufälligkeiten gestoßen wird. Wir erkennen hier »Bauteile«, die sich lückenlos in ein Ganzes einfügen.

SEELENTEILE DURCH SCHAMANISCHE ARBEIT ZURÜCKHOLEN

In der Kabbala gibt es in der Gruppierung der zehn Sephiroth oberhalb Tiphareth, dem Zentrum des Lebensbaumes, den unsichtbaren Daath, einen »Ruach« oder im Griechischen auch »Pneuma« genannten Seelenteil, was mit »Geist« übersetzt wird. In der Grundbedeutung steht es für »Wind« oder »Atem«.

Niemand kann sagen, aus wie vielen Seelenteilen ein inkarnierter Mensch besteht. Das Zusammengehen oder Aufsplitten von Seelenteilen geschieht immer wieder, je nach Entwicklungsstufe eines Individuums.

Ich denke auch, dass diese Frage im Rahmen meiner Arbeit und auch für meine Bewusstseinsentwicklung unwesentlich ist. Ich bin mir jedoch sicher, dass es mehrere sind, denn darin zeigt sich ja erst der Sinn unserer Entwicklung. Wenn auf unserer Reise durch die Zeit immer mehr Seelenteile zusammenfinden, werden sie irgendwann ins »Ganze Eine« eingehen. Bereits heute besteht jede inkarnierte »alte Seele« aus mehreren Seelenteilen, die in einer harmonischen Schwingung zu einem Ich, einem Menschen, zusammengekommen sind. Ich gehe also davon aus, dass wir – unserem Entwicklungsstand entsprechend – bereits mehrere Seelenteile in uns tragen. In vielen Fällen bleiben diese als Einheit unser irdisches Leben lang zusammen, was bedeutet, dass wir uns ganzheitlich weiterentwickeln dürfen.

Es kommt jedoch vor, dass sich einer der Teile wieder abtrennt. Dies geschieht bei schweren Unfällen, schmerzhaftem Verlust eines geliebten Menschen oder Tieres, Schock, Operationen, Schrecken, psychischem Terror, Vergewaltigung, übermäßigem Stress und, in wenigen Fällen, direkt durch schwarze Magie. Der betroffene Mensch braucht danach eine Zeit der Erholung, des Regenerierens, damit Geist und Körper in die ursprüngliche Schwingung zurückfinden können. Dann kehrt auch meist der verlorene Seelenteil wieder zurück. Manchmal ist das Erlebte allerdings so stark oder dringt derart tief in die Psyche ein, dass er sich nicht mehr von dieser körperlichen und psychischen Erfahrung lösen kann. In diesen Fällen bleibt der abgespaltene Seelenteil in einer anderen Dimension, in einer dunklen Tiefe der Zwischenwelt gefangen. Dann fehlt ihm einerseits die notwendige Ganzheit, um in eine Jenseitswelt reisen zu können, andererseits will er ja wieder zurück zu dem Teil, von dem er sich

Der Schmetterling, Symbol für die Seele und Sinnbild der Wiedergeburt, zeigt die Macht der Wandlung und die Schönheit der Natur.

abgespalten hat. Also wartet dieser Seelenteil einfach ab oder versteckt sich vor dem erlittenen Leid. Es ist also auch die eigene Dunkelheit, die ihn nun umgibt.

Wenn es darum geht, einen Seelenteil in der Zwischenwelt zu finden und zurückzubringen, ist die Arbeit des Schamanen oder eines in »Reisen in die Anderswelt« Kundigen gefragt. Geführt von seinem Helfer, zum Beispiel einem Krafttier, geht er auf die »Reise«. Es ist durchaus möglich, dass dabei mehr als ein Seelenteil wiedergefunden wird. Ist einer gefunden, wird er dem betroffenen Menschen wieder eingefügt, indem er durch sogenannte »Tore« der Seele, also an bestimmten Punkten am Körper, »eingeblasen« wird. Manchmal dauert dieser Vorgang längere Zeit. Danach muss der Heiler die Öffnungen am Patienten unbedingt wieder versiegeln. Dieser wiederum soll seine Seelenteile bewusst willkommen heißen und somit wieder integrieren. In der Regel nimmt diese wichtige Arbeit eine gewisse Zeit in Anspruch, muss man sich doch die Ereignisse vor dem Verlust vergegenwärtigen und als Teil seiner Persönlichkeit annehmen.

Die Rückführung einer Seele kann für einen Menschen äußerst anstrengend und auch emotional aufwühlend sein. Daher ist es während der nachfolgenden Erholungszeit sehr wichtig, dass man einen behandelten Menschen nie alleine lässt, sondern ihn liebevoll begleitet. Es ist auch notwendig, dass er beobachtet, was sich an ihm verändert, welche Dinge an Wichtigkeit gewinnen, was neu in seine Wahrnehmung tritt. Und dem zurückgeholten Seelenteil müssen die aktuellen Lebensverhältnisse gezeigt werden. Aus diesen Gründen sollte eine Seelenrückholung wirklich nur von Menschen ausgeführt werden, die über genügend Wissen und eigene Erfahrung bezüglich der entsprechenden schamanischen Rituale und Heilpraktiken verfügen. Meine persönlichen Erfahrungen haben deutlich gezeigt, dass man nur durch eine mehrere Inkarnationen dauernde Ausbildung die Fähigkeit erwirbt, in eine solche Arbeit hineinwachsen zu können. Keine Kurse können diese Fähigkeiten wirklich vermitteln. Zwar werden sie überall angeboten, doch ich halte es für äußerst problematisch, Lernwillige glauben zu lassen, eine derart tief in das Menschenleben eingreifende Tätigkeit könne einfach so erlernt werden. Dazu muss man wirklich durch intensive Schulungen gehen, und diese dauern eben mehrere Menschenleben.

Beispiele aus meiner Praxis

Einem Seelenteil zu begegnen und ihn als solchen zu erkennen, ist eine überwältigende emotionale Erfahrung. Daraus kann eine intensive Verbindung entstehen, die aber auch eine große Herausforderung sein kann, wie die folgenden Fallbeispiele zeigen.

BEGEGNUNG VON INKARNIERTEN SEELENTEILEN

WENN SICH SEELENTEILE WIEDERFINDEN

Immer mehr Menschen erleben einen psychischen Vorgang, den ich das »Wiederfinden« eines Seelenteils nenne. Dieser ist nicht in einem energetischen oder feinstofflichen Zustand, wie im vorangehenden Kapitel beschrieben. Er ging auch nicht auf die eine oder andere Weise in dieser Inkarnation verloren, noch musste er für eine gewisse Zeit entbehrt werden. Ich spreche von Seelenteilen, die als zwei Menschen inkarniert gleichzeitig auf dieser Erde leben. Wenn sie sich finden und erkennen, ist es, als würden sie ihrem Spiegelbild begegnen. Solche Begegnungen fallen wegen der intensiven gegenseitigen Anziehungskraft sofort auf, denn es ist, als würden zwei starke Magnete zusammentreffen. Beide Menschen erkennen intuitiv, dass ihr Gegenüber ein Teil des eigenen Ichs ist. Dieses Wissen, diese Erkenntnis bewegt die Seele derart stark, dass es keinen Zweifel gibt. Es ist, als würde man sich selbst begegnen, im anderen die eigene Seele sehen. Keine Ungewissheiten, keine Geheimnisse trüben die Beziehung, sondern eine unglaubliche Klarheit, ein untrügliches Wissen erfüllt beide bis ins Innerste. Ihre Energiefelder stimmen sich nun auf einer höheren Geistesebene, eben der seelischen, auf eine gemeinsame Schwingung ein. Der physische Körper spielt als Hülle der Seele bloß noch eine Nebenrolle.

Nur wer eine solche Erfahrung selbst erleben durfte, weiß wirklich, wovon ich hier spreche. Diese untrügliche Gewissheit »heimzukommen« ist ein Glücksgefühl, das mit nichts zu vergleichen ist. Man erkennt dabei bald, dass es um die Seele geht, denn auf der menschlichen Ebene führen die beiden Individuen oft sehr unterschiedliche Leben. Alter, sozialer Stand oder Geschlecht spielen keine Rolle, geht es doch nur selten um eine Paarbeziehung. Das »Sich-Finden« ist oft äußerst abenteuerlich und in vielen Fällen sehr seltsam, was aber nur daran liegt, dass man vieles noch nicht verstehen kann. Fügen sich jedoch die unterschiedlichen Facetten der Geschichte einmal zusammen, wird das, was rätselhaft er-

schien, auf einmal im tiefsten Sinn klar und deutlich erkennbar. Seelenteile finden sich nicht einfach so. Sie werden von höheren Kräften zusammengeführt, auch wenn sie dabei weite Wege zurücklegen müssen, um gemeinsam an ihren vorbestimmten Aufgaben zu arbeiten. Mit der vereinigten Kraft ihrer Seelenteile können sich die beiden Individuen bewusster und schneller weiterentwickeln.

Der Weg ist vorgezeichnet: Wenn sich zwei Seelenteile begegnen und erkennen, werden sie von höheren Kräften zusammengeführt.

EIN NEUES ICH ENTSTEHT

Ein intensiveres Erfahren oder nachhaltiges und umfassendes Lernen wird also deshalb in einer kürzeren Zeitspanne möglich, weil gleichzeitig ein ebenfalls auf der Erde lebender Seelenteil seinerseits Erfahrungen macht und aus ihnen lernt. Wenn dann ein Mensch mit all den Erkenntnissen seines irdischen Lebens nach dem Verlassen des Körpers ins Jenseits übertritt, wird er diesen Seelenteil dort früher oder später treffen. Weil das nach Menschenjahren gemessene Alter der beiden Seelenteile sehr unterschiedlich sein kann, werden sie eher selten zur selben Zeit in diese andere Welt eingehen. Da unser Zeitverständnis jedoch nur für das Erdenleben gilt, hat dies keine Bedeutung. Und nun, in der Anderswelt, treffen sich diese Seelenteile wieder. Der Vorgang kann mit zwei zusammenfließenden Wassertropfen verglichen werden. Aus beiden Tropfen entsteht ein neuer Tropfen, so wie aus zwei Seelenteilen eine Seele wird. Wissen, Erfahrung, Fähigkeiten, Erkenntnisse, Bildung und Bewusstsein gehören jetzt beiden. Was sie in ihren Menschleben als »Ich« und »Du« erfahren haben, wird zu einem neuen »Ich«, einer erstarkten Seele, einer höheren Einheit. Diese Seele wird sich fortan als neues Ich weiterentwickeln. Ob sie sich als solches wieder auf dieser Erde inkarniert oder auf ganz anderen Ebenen, ist der Entwicklung gemäß offen.

Außerdem stehen uns hohe Wesen aus der geistigen Welt auf dem Weg des steten Lernens immer liebevoll und hilfsbereit zur Seite. Diese Hilfe kann unter Umständen entscheidend sein. Dabei gilt es, immer klar abzuwägen, was man wirklich als Hilfe annehmen kann oder was nur von niedrigen, negativen Wesen angeboten wird, die man in seinem Eifer unbewusst anzieht. Denn was Goethe in der Ballade *Der Zauberlehrling* sagte, kann durchaus zur eigenen Erfahrung werden, wenn man »die Geister, die ich rief«, nicht mehr loswird. Dann können sich die Kräfte niedriger Geistwesen gegen einen wenden und einer Seele möglicherweise schweren Schaden zufügen. Dies ist besonders dann der Fall, wenn man mit dunklen Kräften sich arbeitend einlässt, und es gilt ebenso für Seelenteile.

SEELENVERBINDUNGEN

Nachfolgend will ich anhand einiger Beispiele aufzeigen, auf welche Weise sich solche Erfahrungen, Erlebnisse oder Begegnungen zeigen können. Es sind Beispiele von Menschen, die mir ihre Geschichten offen erzählt haben. Alle hatten sich an mich gewandt, weil sie nicht verstehen konnten, weshalb wie aus dem Nichts heraus bei ihnen derart starke Gefühle für einen »fremden« Menschen aufkamen. Gemeinsam gingen wir ihre Geschichte durch, um ihnen zu helfen, den Sinn und insbesondere die große Bedeutung ihrer Erfahrung zu erkennen. Danach konnten sie erst verstehen oder zumindest nachvollziehen, was sie erlebt hatten oder was gegenwärtig gerade geschieht. Worauf diese Menschen mit großer Freude reagierten, ja, sie waren von ihrer außergewöhnlichen eigenen Geschichte schlichtweg überwältigt. Außerdem war dies auch ein entscheidender Anstoß, dieses Buch zu schreiben.

Die Frage, ob eine Seelenverbindung einer Partnerschaft gleichkommt, muss ich verneinen. Es ist mir in all den Jahren völlig klar geworden – durch Geschichten und Erlebnisse von Menschen, die meine Hilfe suchten –, dass eine Seele immer als Individuum lebt. So gibt es selbstverständlich starke oder weniger bedeutende Verbindungen, die dementsprechend auch Gefühle hervorrufen. Hierbei beginnt eine echte Gratwanderung! Eine innige Beziehung muss keineswegs etwas mit Seelenverwandtschaft zu tun haben.

Wir kommen – geführt durch einen im Universum bereits vorhandenen Gestaltungsentwurf – unserem eigenen Lebensplan nach. Den, und auch das ist eine Tatsache, haben wir uns selbst vorgegeben. Trotzdem dürfen wir hier in unserem Leben natürlich immer selbst entscheiden, ob wir diesen Plan jetzt auch »leben« wollen. Eigentlich wäre es unsere Lernaufgabe in dieser Inkarnation. So begegnen wir dann anderen Seelen. Dabei finden wir unseren Partner oder eine Partnerin, werden zusammen einen Teil des Lebens gestalten und Erfahrungen machen. Diese Zeitspanne kann variieren, von kurz bis ein Leben lang. In dieser Beziehung können auch andere Seelen – das heißt Kinder – in unsere Gemeinschaft kommen.

Trifft man nun während der Erdenwanderung einen Seelenteil, ist das einerseits sehr interessant und meist besonders. Andererseits ist dies eben wirklich ein Teil meines ganzheitlichen »Ich bin«, das selbst als ein Individuum jetzt auf dieser Erde unterwegs ist. Es ist keineswegs erstaunlich, dass eine solche Begegnung oft eine echte Herausforderung im eigenen Leben bedeutet. Doch in den meisten Fällen steht hier keine direkte Beziehung – sprich Partnerschaft – im Vordergrund, sondern eine reine Begegnung mit vielfach großer, ja sehr großer Berührung der eigenen Seele. In den in diesem Buch dargestellten Geschichten berichte ich über weibliche und männliche Erfahrungen. Mir sind aber durchaus auch gleichgeschlechtliche Erlebnisse bekannt. Seelen sind Seelen – in welchem Körper sie zurzeit inkarniert sind, ist dabei eine Nebensache.

Es gilt hier ganz bewusst darauf zu achten, dass dies meist mit einer magnetischen Anziehung geschieht, jedoch nichts mit wirklicher Liebe – wie in einer tiefen innigen Partnerschaft – zu tun hat. Liebe ist eben nicht gleich Liebe! Das ist jeweils genau der wunde Punkt, den es als besondere Lebens-Lernaufgabe zu meistern gilt. Dies will ich in meinen nachfolgenden Geschichten aufzeigen.

FALLBEISPIELE

DIE SEELENPARTNERIN GEFUNDEN

Der etwa vierzigjährige Mann, der in meine Praxis kam, begann das Gespräch mit der Bemerkung, er hätte eine liebe Frau, zwei aufgeweckte Kinder, eine interessante Arbeit und wäre eigentlich rundum glücklich. Dann kam er auf seine Geschichte zu sprechen:

»Vor zehn Monaten begann sich in meinem Leben etwas zu verändern, dem ich vorerst keine besondere Bedeutung zumaß. Im Rahmen eines Auftrags sollte ich für einige Tage mit einer Frau arbeiten, die ich bisher nicht kannte. Kaum hatten wir uns begrüßt, löste ihre starke Ausstrahlung ein seltsames Gefühl in mir aus. Völlig überrascht konnte ich es nicht einordnen und ließ es einfach mal so stehen. Einige Tage später sprachen wir während der Mittagspause erstmals auch über unsere Privatleben. Es stellte sich heraus, dass meine Arbeitskollegin um die fünfzig war, in einer guten, angenehmen Beziehung lebte und drei Söhne im Alter zwischen 19 und 22 Jahren hatte. Während des folgenden Gesprächs wurde uns zunehmend bewusst, dass wir uns wie sehr alte Freunde verhielten.

Die Begegnung mit einem Seelenteil, der immer eine tief aus dem Inneren kommende Schwingung ausstrahlt, hat magnetische Anziehungskraft.

Unsere Wege trennten sich wieder, aber das Gespräch an jenem Mittag ging mir nicht mehr aus dem Sinn. Es war die Frau, die mich bald darauf anrief. Sie gestand mir offen, dass sie sich über ein Wiedersehen und interessante Gespräche mit mir freuen würde. Ohne nachzudenken, sagte ich spontan zu.

Obwohl wir eine klare Distanz einhielten, wurden die Gespräche persönlicher und die Intensität der gegenseitigen Anziehung nahm unglaublich zu. Dabei wurde die Situation für mich richtiggehend bedrohlich, denn die Frau sprach mit ihren Worten in meinem tiefsten Innern etwas an, was ich bislang selbst nicht wahrgenommen hatte. Ja, sie kam meiner Seele so nahe, dass in mir die bisher unbekannte Angst aufstieg, von einem anderen Menschen völlig durchschaut und ›gelesen‹ zu werden.

Die Treffen wurden häufiger, der Gedankenaustausch intensiver. Wir sprachen immer auch über unsere Familien und die Begebenheiten und Probleme, die uns gerade beschäftigten. Die Gespräche waren in diesem Sinn ein offener Austausch und nicht nur auf unsere außergewöhnliche Erfahrung bezogen. Die Kraft der Gespräche beruhte aber ganz klar auf einer unglaublich starken gegenseitigen Anziehung. War das heimliche Liebe?«

Mein Besucher rutschte nervös auf dem Stuhl nach hinten: »Die ganze Geschichte wurde mir immer unheimlicher. Beim nächsten Treffen erklärte ich meiner Bekannten, dass ich mich zurückziehen müsse, um nicht zwischen der zunehmend intensiveren Anziehungskraft unserer Beziehung und den Verpflichtungen gegenüber meiner Familie psychisch erdrückt zu werden. Die Frau zeigte Verständnis, gab mir jedoch auch zu verstehen, dass sie unsere Nähe sehr vermissen werde. Denn sie habe ja denselben Beweggrund: ein Erkennen des eigenen Ichs durch einen anderen Menschen.

Dann machte sie mir unmissverständlich klar, dass unsere gemeinsame Schwingung zu einer kraftvollen Verbindung geführt hätte, die nun nicht so einfach aufgelöst werden könne. Für diese unglaubliche Vertrautheit müsse es einen konkreten Grund geben, der offensichtlich auf einer anderen Bewusstseinsebene zu finden wäre. Es musste eine Verbindung unserer Seelen sein.

Daraufhin erzählte ich meiner Frau von meiner neuen Bekannten, von unseren Gesprächen und Gefühlen. Es half mir sehr, mich ihr anzuvertrauen. Da ihr mein verändertes Verhalten längst aufgefallen war, war sie erleichtert, nun den Grund zu kennen. Ich war meinerseits sehr froh, von ihr zu hören, dass sie versuchen wollte, mich zu verstehen, obwohl es für sie sicher nicht einfach war.

Frauen fühlen anders als Männer. Oder war es doch eine plagende Eifersucht, die meine Gattin veranlasste, einige Tage nach unserem Gespräch meine Seelenpartnerin zu treffen? Was die beiden miteinander sprachen, weiß ich nicht. Offenbar wollte meine Frau mich nicht damit konfrontieren, sie erwähnte aber, dass sie ein klärendes Gespräch mit ihr führen konnte. Daraufhin begegnete mir meine Frau wieder offener und machte auch nicht mehr misstrauische Anspielungen bezüglich meiner »beruflichen« Sitzungen.

Alsbald traf ich mich wieder mit meiner Seelenpartnerin. Es war mir einfach wichtig. Wir mussten unsere Situation irgendwie klären. Aber die Gespräche verliefen ähnlich weiter. Jeder wollte dem anderen genügend Platz einräumen, war bereit, sich zurückzuziehen, wenn das Gegenüber sich ganz seiner Familie widmen wollte. Uns war längst klar geworden, dass wir bereits eine Art Doppelleben führten. Es hatte nichts mit dem Körperlichen zu tun, sondern mit einer unbekannten, aus dem Innersten kommenden Kraft, die unglaublich stark war. Aus ihr wuchsen gegenseitiges Verstehen, übereinstimmende Empfindungen, innig verbindende Gefühle und untrügliche Seelennähe. Noch nie hatten wir beide auch nur annähernd eine solche Übereinstimmung erlebt. Diese uns bisher völlig unbekannte Erfahrung konnte längst nicht mehr mit dem verglichen werden, was normale Paare in ihren Beziehungen so alles erleben.

So saß man sich wieder gegenüber, ohne eine klare Sicht auf die weitere Entwicklung. Trotz der Anziehungskraft begann unsere Beziehung allmählich mühsam zu werden. Der Konflikt zwischen den familiären Verpflichtungen und unserer unerklärbaren Nähe schien unauflösbar. Wir konnten unter diesen Umständen keine Zukunft sehen und beschlossen, uns nicht mehr zu treffen. Alles war nur noch mit seelischem Schmerz verbunden. Aber die von den äußeren Umständen verlangte Vernunft ist eben nur die eine Seite.«

Der Mann schaute mich an, als ob er darauf wartete, dass ich seine Geschichte weitererzählte. Offensichtlich war ihm bewusst geworden, dass mir längst klar war, worum es hier ging. Nach der sorgfältigen Analyse seiner Situation erwähnte ich beiläufig, dass die Trennung sicher nicht lange angedauert hätte, worauf er kurz und laut lachte.

Nun erläuterte ich ihm, was ein Seelenteil sei und weshalb man Seelenteile nicht mehr trennen könne, wenn sie sich einmal gefunden haben. Es gehöre nun zu ihrer Lebensaufgabe, künftig einen gemeinsamen Weg zu gehen oder sich zumindest auf eine gangbare Weise miteinander zu entwickeln. Gelingt dies nicht, gehe viel Energie verloren, die für eine künftige Entwicklung der beiden Seelen fehlen würde. Das bedeutet keineswegs, dass man sich von der eigenen Familie trennen soll, aber es ist wichtig, den notwendigen Freiraum für eine solche Beziehung zu schaffen. Wird dieser zu sehr eingeschränkt, entstehen Spannungen, die sich vorerst auf der psychischen Ebene bemerkbar machen. Schenkt man diesen klaren Hinweisen keine Beachtung, folgen körperliche Beschwerden wie allgemeines Unwohlsein oder unerklärliche Reizbarkeit. Da wir reine Energiewesen sind, übertragen sich unsere negativen Schwingungen auf Partner, Kinder und alle übrigen Menschen des persönlichen Umfelds.

Die Herausforderung besteht darin, der Situation gerecht zu werden, sie in gute Bahnen zu führen und eventuelle Konflikte sachte zu lösen. Oft braucht es allerdings sehr viel Einfühlungsvermögen, um die Anliegen der Betroffenen zu verstehen. Eine solche Begegnung bedeutet jedoch in keiner Weise, dass man nun mit dieser Seele ein gemeinsames Leben führen soll. Dies aus dem einfachen Grund, dass eine solche Verbindung zweier Seelen dann zu einschneidend wird. Fazit: Ein gemeinsames Alltagsleben scheitert meist innerhalb kurzer Zeit. Denn es ist nicht die jetzige Lebensaufgabe dieser Seelen, als Paar eine Beziehung zu führen. Lernen heißt hier klar, als Einzelwesen »unterwegs« zu sein oder eben mit einem Partner, mit dem man – in diesem Leben – eine Aufgabe zu erfüllen hat.

Werden die intensiven Schwingungsfelder zwischen Seelenpartnern einfach ignoriert, kommt es zu Auseinandersetzungen der niedrigen Art. Dann sind Zänkereien nicht mehr zu vermeiden, und Worte wie Liebe und Verständnis haben absolut keine Bedeutung mehr. Liebe, wie wir sie kennen, ist ohnehin eher eine selbstbezogene Emotion als eine unerschöpfliche Kraft, die wir mit unseren irdischen Sinnen schlichtweg nicht erfassen können. Denn echte Liebe kennt keine Wertung!

Auf der anderen Seite sollten solche Seelenbeziehungen nicht auf Verbindungen reduziert werden, die vorwiegend auf einer verstandesmäßigen, intellektuellen Ebene des irdischen Körpers schwingen. Ein wirklicher Seelenteil strahlt immer eine tief aus dem Inneren kommende Schwingung aus und spricht vor allem die Seele an. Körperliche Nähe kommt sehr selten vor, da es hier vorwiegend um spirituelles Wachstum geht. In gewissem Sinn besteht die tiefste Gewichtung einer Beziehung zweier Seelenteile darin, diese beiden Teile auf das Leben nach dem Verlassen des Körpers vorzubereiten. Im Jenseits werden sie sich zusammenschließen und als höheres Bewusstsein weiterleben. Lassen sich Seelenteile jedoch nur auf die Ebene der körperlichen Schwingung ein, kann die Beziehung ihr Leben einschneidend verändern. Es entsteht eine unerklärliche Leere, Enttäuschung und großer Frust. Nutzt man die Schöpferkraft hingegen in der Bestimmung des uns führenden kosmischen Schicksals, Schicksal im positiven Sinn, entsteht eine ungeahnte Dynamik. Die damit verbundene gewaltige Energie lässt zwei Seelenteile eine völlig neue Ebene des eigenen Seins erfahren. Man begegnet sich im Ur-Innersten selbst!

Der Mann sah mich nach diesen Erläuterungen in Gedanken versunken erst einige Sekunden lang an und sagte dann, dass er mit seiner Frau oft darüber gesprochen hätte. Sie habe jedoch darauf bestanden, dass er diese Verbindung mit seiner Seelenpartnerin auflöse und wieder ganz bei der Familie sei.

»Mir wuchs alles über den Kopf und so beschloss ich, eine Weile allein zu leben. Ich brauchte einen räumlichen Abstand, um mich auf den eigenen Weg konzentrieren zu können. Seit drei Wochen wohne ich nun in einem anderen Dorf. Zu meiner Familie habe ich regen und guten Kontakt, aber natürlich wollen mich die Kinder wieder zu Hause haben. Meine Frau konnte den Umzug sowieso nicht verstehen, da ja meine Seelenpartnerin nicht der Grund dafür war. Nun bin ich völlig verunsichert, wie mein Leben weitergehen soll.«

Ich hatte noch einige Fragen zu persönlichen Dingen, die mir der Mann offen und ausführlich beantwortete. Dann beschloss er seine Geschichte mit der treffenden Feststellung: »Je weiter ich mich von meiner Seelenpartnerin entferne, umso stärker werde ich von dieser inneren Kraft zu ihr gezogen. Sie wirkt wie ein starker Magnet; es ist nicht möglich, der enormen Anziehungskraft auszuweichen.«

Ich stimmte ihm voll und ganz zu und schilderte ihm, welchen Weg er gehen könnte, was dabei zu beachten sei und wie sich die Vorurteile der Beteiligten überwinden ließen. Mein sichtlich erleichterter Besucher verabschiedete sich mit der Bitte, ihn weiterhin in dieser Sache zu begleiten, was ich ihm zusagte.

» DER »FREMDE« MANN

Eine ältere Dame, die schon sehr lange in einem Haus am Bodensee wohnt, berichtete mir von folgendem Erlebnis: Sie war vor vielen Jahren in Österreich im Urlaub. Damals lernte sie einen Mann flüchtig kennen, der mit ihr im Hotel jeweils beim Essen an demselben Tisch saß. Aus den vorerst üblichen, belanglosen Gesprächen während der Mahlzeiten ergab sich im Lauf der Zeit ein immer interessanter werdendes Gespräch. Gegenseitig entdeckte man, dass eine beinahe unglaubliche Übereinstimmung in ihren Ansichten bestand, ja, es praktisch keine Widersprüche gab. Es kam ihr vor, als ob er ihre Geschichte erzählte und sie ihm die seine. Man traf sich bald im Hotelgarten zum Tee, wo die Gespräche tiefer wurden und sich ein reger Gedankenaustausch entwickelte.

Wie mir die Dame dann weiter erzählte, kam es auch nach dem Abendessen im Kaminraum des kleinen Hotels zu ausgiebigen Gesprächen. In deren Verlauf sei ihr bald beinahe unheimlich zumute gewesen. Ihr Gegenüber wusste einfach immer wieder, was sie selbst empfand und wie sie sich im Moment fühlte. Dieselben Empfindungen und Eindrücke erkannte sie in sich selbst. Es war, als würde man sich gegenseitig lesen, den anderen wie einen gläsernen Menschen sehen und in seinem Ganzen erfassen. Besonders und interessant fand sie dabei vor allem die Tatsache, dass sie sich, was die äußere körperliche Erscheinung betraf, beinahe als unsympathisch empfanden. Es gab auf dieser Ebene absolut keine intime Nähe, keine partnerschaftlichen Gefühle. Sie hätten sich nie eine nähere Beziehung oder gar eine Partnerschaft vorstellen können, doch in ihren seelischen Schwingungen fand genau das Gegenteil statt. Alles schien einfach perfekt zusammenzupassen. Das ging so weit, dass der

Das Gefühl der Zusammengehörigkeit von zwei Seelenteilen braucht keine intime Nähe. Die seelische Verbindung ist auch über brieflichen Austausch möglich.

eine die Ausführungen des anderen nur noch zu bestätigen brauchte. Die beiden waren wie zwei identische Teile, in ihrer Gleichheit kaum zu übertreffen.

Nach zwei Wochen intensiver Erfahrungen trennte man sich. Die Ferien der Dame waren zu Ende, aber auf dem Heimweg hatte sie eine Adresse in ihrer Tasche. Die Erinnerungen an die Zeit mit dem »Fremden« im Hotel ließen sie nach ihrem Urlaub nicht mehr los. Sie schrieb schließlich einen ersten Brief und erhielt auch bald Antwort. Dieser Austausch war offenbar sehr ausgiebig, denn nach ihren Worten waren die Briefe oft sehr tiefsinnig und erkenntnisreich. Es war, als würde man sich immer wieder gegenseitig das Leben des anderen erzählen. Zudem erkannten beide, dass sie meistens fühlten oder gar am eigenen Körper nachempfinden konnten, wenn es dem anderen besonders gut oder sehr schlecht ging. Mit den Jahren, die Brieffreundschaft blieb eisern bestehen, konnte sich diese Tatsache des gegenseitigen Empfindens und ihr untrügliches Wissen um den Zustand des Seelenpartners immer mehr bestätigen.

Es kam während eines Jahres hie und da zu kurzen Begegnungen. Aber die äußerliche Antipathie war erstaunlicherweise stets spürbar, während das Gefühl einer inneren Zusammengehörigkeit immer stärker wurde. Die Dame wollte nun mehr über die für sie völlig unerklärlichen Ereignisse wissen, was sie schließlich zu mir führte. Nach einer Sitzung konnte sie die seelische Verbindung verstehen und meine Erklärungen dazu vollkommen bestätigen.

» EIN JUGENDFREUND KOMMT ZURÜCK

Eine besonders interessante Geschichte durfte ich von einer 45-jährigen Frau erfahren. Während ihrer Jugendzeit hatte sie eine überaus offene Freundschaft mit einem etwa gleichaltrigen Mann gehabt. Es war keine Liebesbeziehung gewesen, aber man sah sich eben gerne. Beide verstanden sich auffallend gut und führten, wie sie mir erzählte, oft intensive Gespräche, die meist einen intellektuellen Hintergrund hatten und von beachtlicher Einhelligkeit in ihren gegenseitigen Empfindungen waren. Ja, man könnte sagen, es kam ihr oft so vor, als würden sie sich einfach ganz und gar verstehen. Oft brauchte es dazu keine Worte; man wusste

es einfach. In gleichem Maße empfanden sie die inneren Schwingungen, die auch dann, wenn sie sich nicht sahen, stets zu spüren waren. Jeder wusste demnach immer, wie sich der andere gerade körperlich und psychisch fühlte.

Die tiefe innere Verbundenheit zweier Seelenteile wird häufig erst auf einer höheren spirituellen Ebene zur Verschmelzung führen.

Beide beschritten schließlich ihren eigenen Lebensweg. Die Frau zog aus dem Dorf weg, der Mann blieb. Beide hatten bald Partner und eine eigene Familie, sodass sie sich gänzlich aus den Augen verloren und der Kontakt schließlich ganz abbrach. Eine tiefe innere Verbundenheit, so erzählte mir die Frau weiter, blieb aber trotzdem bestehen. Einerseits waren da immer wieder Gedanken, die ihr diesen Mann unerwartet wieder präsent werden ließen; andererseits stiegen unerwartet starke Gefühle auf. Letzteres ließ sie erkennen, dass ihr alter Bekannter offensichtlich gerade eine besondere Erfahrung durchmachte oder intensiv an sie dachte.

Dabei blieb es jedoch. Erst Jahre später erfuhr sie in einem Telefongespräch mit ihrer betagten Mutter, die noch in demselben Dorf wohnte, dass der ehemalige Freund gestorben war. Diese Nachricht erfüllte ihr Herz mit großer Trauer und brachte sie in eine Art Seelennot, weshalb sie ihrem geliebten Mann von der seltsamen Beziehung erzählte. Während der folgenden Tage drehten sich ihre Gedanken nur noch um den

Verstorbenen. In ihren Gedanken stand er wieder vor ihr, wodurch ihr nun klar wurde, dass sie sich von ihm noch richtig verabschieden musste.

Sie sprach nochmals mit ihrem Mann und äußerte den Wunsch, bei Gelegenheit mit ihm in ihr einstiges Heimatdorf zu fahren, um am Grab des Freundes noch persönlich Abschied nehmen zu können. Der Tag kam. Zusammen besuchten sie den Friedhof und durchquerten alle Reihen der Grabstätten. Aber nirgends fanden sie ein Grab des Mannes. Dieser Umstand mutete seltsam an. Konnte sie es wirklich nicht finden oder war der Mann etwa nicht in diesem Dorf bestattet worden? Mit diesen Gedanken verließen die beiden den Friedhof wieder und kehrten nach Hause zurück.

Doch die seltsame Erfahrung ließ sie nicht mehr los. Irgendwie war sie sich plötzlich sicher, dass hinter der Geschichte etwas Besonderes verborgen sein musste. So saß sie bald danach vor ihrem Computer und suchte nach dem Namen des Verstorbenen. Sie wunderte sich nicht einmal besonders, als sie ihn tatsächlich fand. Wie sie bereits ahnte, war ihr ehemaliger Freund gar nicht gestorben. Es stellte sich heraus, dass es zu einer Verwechslung mit einem älteren Mann gleichen Namens gekommen war, der damals im selben Dorf verstorben war. Da sie nur die Gräber von jüngeren Menschen abgesucht hatten, hatte sie nicht gemerkt, dass ein Mann dieses Namens dort beerdigt war, obwohl sie nachträglich glaubte, ein solches Grab gesehen zu haben. Dem hatte sie damals jedoch keine Bedeutung beigemessen.

Ihre innere Anspannung löste sich sofort auf. Bald hatte sie die Telefonnummer ihres Freundes herausgefunden und es kam zu einem ersten Kontakt. Wie mir die Frau erzählte, freuten sie sich beide über ihr Wiedersehen. Schon beim ersten Gespräch war dieses einander Verstehen sofort wieder da; ja, es war, als würde man sich gegenseitig von den eigenen Erlebnissen und Wahrnehmungen erzählen. Ihre wieder aufgenommene Beziehung war für beide eine völlig neue Erfahrung. Es war, als würde man einen geliebten Bruder, eine geliebte Schwester nach langer Zeit wieder treffen. Das augenblickliche Verstehen, ja Spüren, was der andere denkt, wie er sich fühlt, ohne danach zu fragen, wurde zu einer Erfahrung, die ihr Leben veränderte. Deutlich nahmen sie auch bei den folgenden Treffen diese Verbundenheit auf einer höheren Schwingungsebene wahr. Es ging nicht um den Körper, das Materielle oder Weltliche;

nein, es war, als würde man seiner eigenen Seele näher kommen, sich selber ergänzen. Eben ein Ansprechen eines eigenen Seelenteils.

An dieser Stelle muss ich natürlich auch die andere Seite aufzeigen. Da beide in einer guten, harmonischen Beziehung lebten, war dieses Sich-Wiederfinden nicht einfach. Die Treffen, um sich gegenseitig auszutauschen, waren für die Partner der beiden mehr als eine der üblichen Herausforderungen einer Paarbeziehung. Wie es in unserer irdischen Welt meist geschieht, kam es zu Meinungsverschiedenheiten. Es ist natürlich sehr schwer, einem geliebten Partner zu erklären, dass man einen Seelenteil gefunden hat, denn dies zieht unweigerlich Eifersucht, Misstrauen und offene Fragen nach sich. Warum will sich ein Partner plötzlich mit einem ihm unbekannten Menschen treffen, sich mit ihm in langen Gesprächen austauschen? Warum soll jemand glauben, dass es da keine Liebe im weltlichen Sinn gibt, wenn zwei Menschen sich so offen begegnen?

Als in geistiger Heilarbeit tätiger Therapeut und Lebensberater erfahre ich solche Konstellationen in letzter Zeit immer häufiger. Die Möglichkeit, diese Situation einem Partner, der in einem vollkommen anderen Denken verhaftet ist, zu erklären, ist dabei sehr beschränkt. Er kann nicht begreifen, was da abläuft. Dies umso mehr, als die Betroffenen die vorerst undurchschaubare Erfahrung oft selbst nicht einordnen können. Was ihnen geschieht, passt schlicht und einfach in kein gängiges Weltbild. Beide müssen sich erst einmal selbst klar werden, was gerade passiert, welche unglaubliche Kraft und Verbundenheit wie aus dem Nichts entstanden ist. Ohne großes Einfühlungsvermögen und Verständnis aller Beteiligten kommt es bald zu unüberwindlichen Spannungen innerhalb der eigenen Partnerschaft.

Die Betroffenen selbst erkennen jedoch rasch, auf welcher Schwingungsebene sie sind. Dank einer parallel verlaufenden spirituellen Entwicklung lassen sich diese höheren Schwingungen verstehen und begreifen. Die Seelen tauchen in ein gemeinsames Feld, in ein gegebenes Muster ein, das nur sie kennen. Daraus entsteht eine tiefgreifende Schwingung, die absolut harmonisch verläuft. Aus diesem Feld entsteht dann auch das Vermögen, Partnerschaft und Seelenverbindung zu leben, ohne einen Konflikt mit den bestehenden Beziehungen auszulösen. In einigen Fällen durfte ich zu meiner Freude die Erfahrung machen, dass so etwas wirklich möglich ist.

Eine Partnerschaft, eine bestehende Beziehung gewann dadurch sogar wieder an frischem Schwung, da die neu gewonnene hohe Schwingung auch diesbezüglich eine positive Veränderung auslöste. Dies gelingt jedoch nur in jenen Fällen, bei denen ein bestimmtes Vertrauen, ein Glaube an das, was wirklich geschieht, von beiden Partnern angenommen werden kann. Eine offene Kommunikation bedeutet schließlich die Krönung einer solchen harmonisch abgestimmten Beziehung zwischen den Beteiligten.

Es kommt natürlich auch vor, dass Seelenteile wegen solcher Schwierigkeiten in ihrem jetzigen Leben nicht miteinander kommunizieren können. Sie bleiben getrennt oder ziehen es vor, da sie diese starke spirituelle Ebene des Verstehens bereits besitzen, ihren Weg auch weiterhin alleine zu gehen. Sie beobachten, studieren, erkennen ihren Seelenteil aus der Distanz und erfahren dadurch die wichtigen Aspekte, die sie nach dem Verlassen des Körpers mitnehmen werden. Danach wird gewiss eine Verschmelzung der beiden Seelenteile stattfinden. Da in dieser Inkarnation ein gemeinsames, partnerschaftliches Leben ohnehin nicht gegeben ist, weil die Aufgaben eben getrennt erledigt werden müssen – was ja der Sinn dieser Dualseelen ist –, braucht es nicht unbedingt einen Austausch. Allerdings erleichtert er in der materiellen Welt den Weg, da sich beide gegenseitig in den Situationen helfen können, in denen die weltliche, materielle Ebene keinen Zugang mehr aufweist. Das heißt, dass sich für beide Seelenteile eine spirituelle Welt öffnet, die erst durch diese Verbindung erfahrbar wird.

» EINE VERWORRENE GESCHICHTE

An einem Fluss, etwas abseits des Dorfes wohnte ein Mann mit Frau und drei Kindern in einem kleinen Haus. Eine rundum normale Familie, mit all den dazugehörenden Freuden und Leiden. Dieser Mann saß eines Tages bei mir in der Stube. Er hatte mehrmals ein seltsames Erlebnis gehabt und wollte von mir wissen, ob ihm da irgendwelche Geistwesen seltsam mitspielten. Etwas unsicher und sichtlich aufgewühlt erzählte er mir folgende Geschichte:

Eines seiner Kinder, ein vierjähriges Mädchen, stand nachts oft auf und wandelte im Schlaf in den Garten hinaus. Erst hatte niemand etwas bemerkt, da sich das Kind fast lautlos bewegte. Als die Mutter aber eines Nachts routinemäßig in sein Zimmer schaute, war das Mädchen nicht im Bett. Nachdem sie zuerst in der ganzen Wohnung vergeblich nach ihm gesucht hatte, wurde es ihr unheimlich. Rasch weckte sie ihren Mann, der sich etwas überzog und in den Garten lief. Am Fluss sah er im fahlen Licht seine Tochter. Um sie nicht zu erschrecken, ging er vorsichtig auf sie zu, sie stand in ihrem Nachthemd da wie ein kleiner Engel. Der Mann erkannte sofort, dass seine Tochter offensichtlich fest schlief. Behutsam nahm er sie in seine Arme und trug sie ins Haus, wo die Mutter die beiden sorgenvoll erwartete. Kaum war er über die Schwelle des Kinderzimmers getreten, lag das Mädchen dort ruhig und tief schlafend in seinem Bett. Der Mann glaubte, es unbewusst dort hingelegt zu haben, und maß diesem Umstand daher keine besondere Bedeutung zu. Die Situation beruhigte sich und man begab sich wieder zu Bett.

Die Wassergeister, die sich in verschiedensten Formen zeigen, wissen, welches Geheimnis der dunkle Fluss birgt.

Natürlich war der nächtliche Ausflug in den folgenden Tagen immer wieder Gesprächsthema der Eltern. Nachdem das Mädchen in einer der nächsten Nächte wieder am Fluss abgeholt werden musste, entschieden sie, die Haustüre abzuschließen und den Schlüssel aus dem Schloss zu ziehen. Doch wenige Nächte später, als die Mutter, unruhig geworden, aufwachte, war das Kind wieder aus seinem Zimmer verschwunden. Und da ja alle Türen und Fenster geschlossen waren, überkam sie große Angst. Sie weckte ihren Mann, der sofort hinauseilte und auch diesmal beinahe die Fassung verlor, als er seine Tochter wieder am selben Ort am Fluss sah wie in den beiden Nächten zuvor. Auch die Uhrzeit war in etwa dieselbe.

Die Eltern standen vor einem großen Rätsel. Dem Mädchen fehlte nichts, sein Verhalten tagsüber war genauso normal wie das der anderen Kinder. Es aß mit Appetit und spielte mit seinen Geschwistern wie üblich. Das Mädchen wusste nichts von seinen nächtlichen Ausflügen. Ebenso unerklärlich war die Tatsache, dass es trotz abgeschlossener Türen und Fenster aus dem Haus gelangen konnte. Und weshalb stand es stets an dieser Stelle am Fluss? Die Eltern überlegten nun ernsthaft, was zu tun sei. Als Erstes beobachteten sie ihr Kind fortan jede Nacht und stellten fest, dass die Abstände zwischen den seltsamen Ausflügen zum Fluss unregelmäßig waren. Wenn das Mädchen das Haus verließ, konnten sie kaum glauben, was sie sahen: In dem Moment, in dem es die Wand berührte, verschwand der Körper und erschien zeitgleich im Garten. Danach wandelte es immer zur selben Stelle, als würde es von einer unsichtbaren Kraft geführt, und blieb dort stehen.

Mit jedem Ausflug wurde der Vater gefasster, und so entdeckte er eines Nachts, dass sein Töchterchen eigentlich schwerelos war. Obwohl es schien, als würde er es in die Arme nehmen, war es in Wirklichkeit bloß ein Phantom: ein Bild seines schlafenden Kindes. Er verstand jetzt gar nichts mehr.

Beim nächsten Mal wollten die Eltern das Ganze anders angehen. Bald war es wieder so weit. Das Kind schien wieder durch die Wand ins Freie zu gleiten. Und wie üblich sahen sie das helle Wesen zum Fluss laufen. Doch diesmal gingen sie ins Kinderzimmer zurück und staunten: Das Mädchen lag nach wie vor ruhig schlafend in seinem Bett. Hätten sie auch die letzten Male nachgeschaut, hätten sie ihr Kind stets dort gefunden. Aber in der Aufregung gehen gedankliche Abläufe meist sehr seltsame Wege.

Völlig verwirrt lief der Mann wieder in das Wohnzimmer und schaute zum Fenster hinaus. Im fahlen Mondlicht stand sein Kind, wie in all den Nächten zuvor, im Nachthemd am Fluss. Nun begriff er nichts mehr. Spielte seine Wahrnehmung ein übles Spiel mit ihm? Als seine Frau, die ihm gefolgt war, die weiße Gestalt ebenfalls erblickte, stieß sie einen Schrei aus. Ihr Mann versuchte sie zu beruhigen, obwohl er selbst auch nicht mehr wusste, wie er dieses Ereignis in sein Weltbild einzuordnen sollte. Zutiefst verunsichert beschlossen sie, jetzt irgendwo Hilfe zu suchen. Diese Situation war für beide nicht mehr tragbar.

Als der besorgte Vater seine Geschichte beendet hatte, schaute er mich mit fragendem Blick an. Ich wusste in diesem Moment selbst nicht, wie ich sie einordnen sollte. Der Mann machte keinen unglaubwürdigen Eindruck. Im Gegenteil, seine präzisen Ausführungen und Angaben waren für mich nachvollziehbar. Ich erkannte sehr schnell, dass es sich um die Spiegelung einer inkarnierten Seele handeln musste. In kurzen, verständlichen Worten konnte ich ihm das Phänomen aufgrund meiner Erfahrungen erklären. Abschließend vereinbarten wir, dass ich ihn besuchen und dieses Geschehen vor Ort beobachten würde. Es war eine interessante und nicht alltägliche Herausforderung, die ich als sehr spannend empfand. Meine Erwartungen wurden allerdings weit übertroffen. Der Kürze halber will ich das Ganze zusammenfassen.

Ich besuchte die Familie in ihrem Haus und richtete mich auf eine schlaflose Nacht ein. Da ich weiß, welche Konstellationen der Gestirne für Seelenreisende günstig sind, war ich auch zur rechten Zeit dort. Das Mädchen lag ruhig in seinem Bett und atmete gleichmäßig. Um halb zwei erschien plötzlich die weiße Gestalt einer etwa 25-jährigen Frau im Zimmer. Ihre Figur, die hochgebundenen Haare, die abgetragenen Kleider, alles war deutlich erkennbar. Meiner Einschätzung nach musste sie gegen Ende des 18. Jahrhunderts gelebt haben. Eilig huschte sie zum Bett des Mädchens und nahm augenblicklich seine Gestalt an. Da sie gleichzeitig einen Teil der Lebensenergie des Kindes aufnahm, entzog sich dessen Körper für einige Minuten den Blicken eines »nicht sehenden« Menschen. Aus diesem Grund konnten die Eltern ihr Kind nicht mehr sehen, obwohl es nach wie vor in seinem Bett lag. Wie der Mann geschildert hatte, schwebte die Gestalt durch den Raum, durchdrang die Wand, wandelte durch den Garten zum Fluss und verharrte an dem beschriebenen Ort. Ich blieb mit etwas Abstand neben ihr stehen. Es fröstelte mich, wie in vergleichbaren Situationen zuvor. Das war ein klares Zeichen meines Körpers, dass hinter dieser Erscheinung eine ganz dunkle Geschichte verborgen war.

Kurz entschlossen ließ ich mich gedanklich mit der Gestalt ein. Da ich nun wusste, dass sich hinter diesem Bild eines Kindes eine erfahrene, alte Seele verbarg, hatte ich damit Erfolg. Langsam wendete sie sich mir zu. Dann erzählte sie in ihren »Worten«, erst etwas stotternd, dann fließend wie in einem Schwall, folgende Geschichte:

Die Frau war vor 105 Jahren genau an dieser Stelle im Alter des schlafwandelnden Mädchens in den Fluss gefallen. Ihre Eltern erfuhren erst zwei Tage später, dass sie weiter flussabwärts in einem kleinen Haus gefunden worden war und nun im dortigen Krankenhaus lag. Umgehend liefen die Eltern dorthin, wo ein Polizist die beiden darauf aufmerksam machte, dass der Fall sehr seltsam sei und sie sich deshalb vorsichtig verhalten sollten. Er sei mitten in der Nacht von einem Mann gerufen worden. Er und sein Kollege waren mit ihm zu einem Haus am Rande der kleinen Ortschaft marschiert. Dort angekommen hörten sie im Inneren des Hauses laute Schreie. Im Wohnzimmer fanden sie ein Mädchen weinend vor der Leiche eines alten Mannes knien. Der Mann sei soeben gestorben, stammelte das Kind auf die Frage der Polizisten, deshalb sei sie so fürchterlich traurig. Dem Zustand der Leiche nach zu urteilen, lag diese allerdings wohl bereits drei Monate an diesem Platz! Ihre Tochter, so erklärte der Polizist den aufgeregten Eltern, habe einen seltsam verwirrten Eindruck gemacht. Bei einer nochmaligen Befragung gab sie an, dass sie sich die ganzen Tage über um den Mann gekümmert hätte und er dann plötzlich gestorben sei. Jetzt lag sie im Krankenhaus, und der Arzt hatte eine Therapie angeordnet. Man stellte eine Geisteskrankheit fest.

Geheimnisvolle Stimmung am Fluss – die passende Umgebung für die Begegnung mit der weißen Gestalt

Dieses Mädchen war die Gestalt neben mir. Abschließend erklärte sie, dass ihre Familie das Dorf ihretwegen verlassen musste, da sie als geisteskrank galt. Vorerst konnte ich mit dieser Geschichte gar nichts anfangen. Warum stand sie jetzt da? Wie war sie damals aus dem Fluss gekommen, in den sie gefallen war? Die Übernahme der Gestalt des Kindes war mir noch einleuchtend – sie versetzte sich in dieses Lebensalter zurück. Aber all das danach?

Mein Nachfragen blieb vorerst ohne Erfolg. Sie war mit einem Mal verschwunden. Langsam ging ich zurück und betrat das Haus. Der Mann erwartete mich und bot mir einen heißen Tee an, den ich dankbar annahm. Dann erklärte ich ihm, dass ich dieser geheimnisvollen Sache ein Stück näher gekommen sei. Aber es bräuchte noch einen weiteren Besuch, um die ganze mysteriöse Geschichte aufzudecken. Ich verabschiedete mich mit dem Versprechen, dass ich ihm die ganze Geschichte erzählen würde, sobald ich selbst wüsste, was ich wissen und erfahren wollte.

Beim nächsten Besuch, der in etwa so ablief wie der erste, konnte ich die Gestalt wieder am selben Ort am Fluss ansprechen. Nun erkannte ich, dass sie energetisch gar nicht in der Lage war, über eine längere Zeit hierzubleiben. Irgendetwas zog sie immer wieder an diesen Ort und dann wieder weg, offensichtlich anderswohin. Wandelte sie in zwei Leben? Es wäre nicht das erste Mal gewesen, dass ich eine solche gelebte Inkarnation erkennen würde.

Jetzt erfuhr ich auch den weiteren Teil ihrer spannenden Geschichte: Nachdem sie seinerzeit als kleines Mädchen in das kalte Flusswasser gefallen war, sah sie auf einmal eine helle, leuchtende Gestalt. Diese nahm ihren Körper auf und kurz darauf stand sie selbst als junge, hübsche Frau, ungefähr 25 Jahre alt, vor dem kleinen Haus in besagtem Dorf. Ein junger Mann öffnete ihr die Eingangstür und sie trat ein. Er bat sie in das Wohnzimmer, wo sie sich beide alsbald gegenübersaßen. Es bedurfte nur weniger Worte und die junge Frau wusste, dass sie sich als frisch vermähltes Paar eben eingerichtet hatten. Es war für sie ein Heimkommen. Alles war so vertraut. Und der junge Mann war ihr Gatte, den sie so liebte. Mit einem Mal kehrte ihre Erinnerung zurück. Sie hatte kurz nach ihrer Hochzeit einen schweren Unfall gehabt und musste ihren geliebten Partner auf der Erde zurücklassen. Die beiden hatten sich zuvor in einem sehr starken Ritual ewige Liebe, Treue und Verbundenheit geschworen. Diese Kraft war offensichtlich das besondere Geheimnis hinter dieser verworrenen und doch so einfachen Geschichte.

Nach ihrem körperlichen Tod war der junge Mann wieder alleine und er blieb es auch, mit großem Schmerz und Kummer über den herben Verlust. Dann kam seine Partnerin jedoch als wiederinkarnierte Seele nochmals hier auf diese Erde – als kleines Mädchen in der Nachbarschaft. Ja, sie war sogar ganz in seiner Nähe, und als sie in den Fluss fiel, wurde sie von ihrem einstigen Schatz in ihre alte Geschichte zurückgetragen. Sie lebte die zwei Tage, die sie als kleines Mädchen nach dem Fall ins Wasser verschwunden war, bei ihm. Er als selbst körperlich Verstorbener, denn ihr innig geliebter Partner hatte vor drei Monaten seinen alten Körper verlassen, der nun alleine und völlig unbemerkt in dem kleinen Haus lag. Hier verwoben sich nun die Ereignisse ineinander. Da beide Geistwesen waren, erkannten sie sich als das einstige Paar, das heißt, als junge Frau erkannte sie ihren geliebten Partner wieder, gleichzeitig war sie aber auch das inkarnierte Kind, das in den Fluss gefallen und von der Polizei im Haus gefunden worden war.

Damit das Ganze nun endgültig gelöst werden konnte, musste ich natürlich auch erklären können, was hier im und um das Haus der Familie, die mich beauftragt hatte, vorging. Doch die weiße Gestalt verschwand wieder, bevor ich ihr das ganze Geheimnis entlocken konnte.

Nur eine Woche später war es dann so weit. Es war sehr kalt in dieser Nacht und ein starker Wind zog über den Fluss aufwärts, sodass ich die Kälte noch viel intensiver spürte. Die Situation passte irgendwie genau zu dieser Begegnung. Diesmal war es, als würde man mit einer Vertrauten sprechen. Sie war offensichtlich froh, dass sie mir ihre Geschichte erzählen konnte. Offenbar wollte sie endlich Ruhe haben und vor allem wieder mit ihrem Seelenteil, ihrem einstigen Partner, zusammenfinden, den sie so geliebt hatte! Nicht in einer weltlichen Verbindung, sondern im tiefen seelischen Bereich als Seelenteil, den sie so sehr vermisste!

Letzteres gab mir jetzt doch ein Rätsel auf. Wie sollte ich ihr zu ihrem Partner verhelfen? Wer war das und wo steckte er? Denn er musste sie ja auch suchen, um sich wieder mit ihr zu treffen, also war er vielleicht selbst wieder inkarniert? Und war sie als Geistwesen vielleicht auch inkarniert? Durch ihre weiteren Ausführungen wurde mir allmählich alles klar. Sie war tatsächlich jetzt wieder als junge Frau inkarniert und lebte in einem Ort etwa fünfzig Kilometer von meinem Auftraggeber entfernt. Ihre äußerst starke Gedankenkraft ließ sie unbewusst auf »Wanderungen« gehen, die, wie mir erst jetzt bewusst wurde, immer in der Nacht stattfanden. In der Zeit, in der ihr physischer Körper angeblich tief und fest zu Hause in ihrem Bett schlief. Es ist eine von mir erkannte Tatsache, dass junge Menschen viel mehr Energien in ihrem Unterbewusstsein bewegen, die zu derartigen Ergebnissen führen, als ältere, reifere Menschen.

Alsbald verschwand das Wesen wieder. Etwas fröstelnd stand ich am Ufer des Flusses und ließ mir die ganze Geschichte nochmals durch den Kopf gehen. Mein Blick glitt über die dunkle Oberfläche des Flusses und wie nebenbei hörte ich das leise Rauschen des Wassers. Der Wind hatte nachgelassen. Jetzt war die Nacht klar und der helle Schein des Mondes ließ ab und zu die sanften Wellen im Silberlicht aufblitzen, funkelnden Sternen gleich. Es war eine wunderbare Stimmung, passend zu dieser Geschichte. Langsam schlenderte ich den schmalen Weg zurück zum Haus meines Auftraggebers.

An diesem Abend erzählte ich dem Ehepaar noch nichts. Aber ich bestätigte ihnen, dass die spukhaften Ereignisse und die seltsamen nächtlichen Ausflüge ihrer Tochter ab sofort ein Ende hätten. Das beruhigte sie, ganz besonders, nachdem ich ihnen versicherte, dass ich jetzt die ganze Geschichte kennen würde, sie jedoch noch aufarbeiten müsste. Spuk, in diesem Sinne, werde es jedoch in ihrem Haus keinen mehr geben.

Zunächst suchte ich nun die junge Frau an ihrem Wohnort auf. Ihren Namen hatte ich bei der letzten Begegnung erfahren können. Sie war wirklich überrascht über meine Geschichte, konnte sie aber verstehen. Verstehen deshalb, weil sie in intensiven Träumen genau das erlebt oder durchlebt hatte. Doch erst nachdem ich ihr dieses kuriose Geschehen erzählt hatte, wurden ihr die eigenen Träume erklärbar. Sie hatte Tränen in den Augen, ausgelöst von ihrer zartfühlenden Seele.

Für mich war es nun nicht einfach, ihr den Hintergrund zu schildern. Ging es hier doch um eine einerseits sehr persönliche Lebensgeschichte und andererseits um die Tatsache, dass sie ihre eigenen Erlebnisse aus einer früheren Inkarnation klar und deutlich zurückerhalten hatte. Langsam und anschaulich erzählte ich ihr meine deutlich erhaltenen Botschaften von ihrer seltsamen, einmaligen Einsicht in ihr eigenes Leben und den damit verbundenen Ereignissen. Sie erfasste, ja begriff immer mehr, und allmählich wurde es ihr ganz beklemmend zumute. Ich machte ihr einen Vorschlag, den wir besprachen, und sie war damit einverstanden.

Am anderen Tag rief ich meinen Auftraggeber an. Ich vereinbarte mit ihm einen Termin in einem Gasthof, etwas abseits in einem Waldstück auf einer Anhöhe. Er war darüber etwas verwundert, willigte jedoch ein und sagte mir, dass er äußerst gespannt sei, was ich ihm zu berichten hätte. Auch für mich selbst war diese umfassende Geschichte wirklich dramatisch. Besonders dieses Treffen ließ mich in meiner eigenen Rolle als »Seher« ganz aufmerksam werden. Durfte ich das? Wie immer in solchen Fällen nahm ich den Rat meiner geistigen Führer zu Hilfe. Sie bestätigten, dass es so gut sei! Etwas angespannt angesichts dessen, was nun geschehen würde, wartete ich vor dem Gasthof. Der Mann kam und wir setzten uns an diesem wunderbar warmen Tag in den Garten. Ich gab der jungen Frau, die wie besprochen etwas abseits gewartet hatte, das vereinbarte Zeichen. Sie kam besonnen auf uns zu und fragte höflich, ob noch ein Platz frei sei. Auf unsere Zustimmung hin setzte sie sich auf einen Stuhl neben meinen Auftraggeber. Er wunderte sich natürlich, weshalb sich diese Frau gerade jetzt zu uns setzen wollte, aber er schwieg.

Sie kannte ja die Geschichte durch meine Erzählungen und teils durch ihre eigenen Träume. Nun war es an mir, dass der Mann den für ihn wichtigen Teil ebenfalls erfuhr. Die beiden beobachtend erzählte ich nun die spannende Geschichte. Nachdem ich meine letzten Sätze beendet hatte, drehte er sich zu der jungen Frau und sagte etwas verwirrt: »Ich bin tief berührt und im Moment völlig durcheinander. Aber ich muss euch jetzt ehrlich gestehen, dass ich vorhin glaubte, eine mir bestens bekannte Person würde sich neben mich setzen. Und jetzt dies!« Die Frau stand spontan auf, reichte ihm ihre Hand und nannte ihren Namen. Er tat es ihr gleich. Danach setzten sie sich wieder.

Ich stand auf und sagte: »Ich denke, dass ihr zwei mich zurzeit nicht mehr weiter benötigt. Tauscht euch aus und erkennt, ob ihr wirklich die zwei Seelenteile, als hier inkarnierte Wesen, seid. Ich freue mich auf eine Rückmeldung.« Dann verabschiedete ich mich von den beiden und spazierte gut gelaunt zu einem Platz am anderen Ende des Gartens. Nun war ich wirklich neugierig, ob sich die beiden gegenseitig als wiedergefundene Seelenteile erkennen würden.

Wochen später rief mich die junge Frau an. Sie war völlig überwältigt von der Erfahrung. Ja, es war so. Sie konnte kaum beschreiben, wie emotional das Treffen schließlich geendet hatte. Die Übereinstimmungen, dasselbe zu fühlen, zu denken, auszusprechen. Sie erzählte und erzählte, und ich verstand ihre Geschichte. Besonders erfreut äußerte sie sich über die Tatsache, dass sie von dem Mann nach Hause eingeladen und dort von der ganzen Familie sehr freundlich aufgenommen wurde.

Diese unglaubliche Beziehung auf einer vollkommenen seelischen Ebene wurde mir kurze Zeit später auch von meinem Auftraggeber bestätigt. Er freute sich ganz besonders darüber, dass die junge Frau nun eine besondere Freundschaft mit seiner Tochter verband, die sie jeweils als »geistiges Fahrzeug« benutzt hatte. Auch seine Gattin, so berichtete er weiter, hätte ebenfalls eine enge Beziehung zu seinem Seelenteil aufbauen können.

Ab und zu treffe ich den Mann noch heute. Gerne plaudern wir dann wieder über diese wirklich besondere Erfahrung und die weitere Entwicklung der beiden Seelenteile. Aber in diesem Leben beschritten beide ihren eigenen Weg.

>> NICHT FÜR DIESES LEBEN BESTIMMT

Folgende Geschichte erzählte mir, sichtlich bewegt, eine Frau. Sie hatte vor über 25 Jahren eine sehr tiefe Bekanntschaft mit einem Mann. Daran war erst einmal nichts Außergewöhnliches. Doch schon bei den nächsten Sätzen wurde ich aufmerksam. Sie kam als junge 24-jährige Frau aus einem Land im Norden Europas in die Schweiz, er war aus einem Balkanstaat eingewandert. Schon bei den ersten Kontakten war eine unglaubliche Nähe zwischen den beiden spürbar, ein unkompliziertes Verstehen, das sie selbst überraschte, gehörten sie doch wirklich völlig verschiedenen Kulturen an. Und doch war es kein Verliebtsein, beide fanden über all die Jahre nie zu einer echten Liebesbeziehung oder gar zu einer Ehe zusammen.

Interessant fand ich ihre Aussage, dass sie, genau wie ihr Freund,

Vollkommen übereinstimmende Konturen, innigste Verbindung zweier Seelenteile – aber dennoch nicht für ein gemeinsames irdisches Leben geschaffen.

sogleich wusste, dass sie sich schon aus einem anderen Leben kannten. Dies war ihnen einfach klar und sie sprachen auch darüber. Ihre wirkliche Gemeinsamkeit bestand darin, dass sie sich sehr gut verstanden und intensive, innige, vertraute und aufbauende Gespräche führen konnten. Sie spürten sich gegenseitig, wussten immer, wie es dem Partner ging, ob sie nun zusammen oder getrennt waren.

Man entschloss sich bald, in eine Wohnung zu ziehen. Doch diese Gemeinsamkeit war gleichzeitig auch eine Einsamkeit, denn einerseits stand der unerfüllte körperliche Aspekt immer im Hintergrund, und andererseits waren sich beide stets bewusst, dass sie nicht Partner für ein wirkliches Zusammenleben waren. Totales Verstehen, aber ohne wirkliche Nähe, die eine irdische Beziehung ausmacht. Ihr Zusammensein glich eher einer Verbindung, wie sie Geschwister in gegenseitiger bleibender Treue leben. Sie sind ein Leben lang füreinander da, ohne wirklich ihren eigenen Bedürfnissen zu folgen.

So blieb es eine Illusion, darauf zu warten, eines Tages als sich wirklich gegenseitig ergänzende Lebenspartner zusammen zu sein. Diese Erkenntnis, so führte die Frau aus, war ihr im tiefsten Inneren schon immer, von Beginn ihrer Bekanntschaft an, bewusst gewesen. Sie betonte, dass sie schon kurz nach dem Beginn ihrer Beziehung wusste, dass ihr Freund nicht der Mann für ein gemeinsames Leben sein würde. Die gleichen Empfindungen hatte auch ihr Partner, als sie offen darauf zu sprechen kamen. In all den Jahren hatten die beiden also eine totale Verbindung, lebten sie jedoch nur in Gesprächen und gegenseitigem Respekt, Hilfe und Ratschlägen. Daraus entstand zwar eine tiefe freundschaftliche seelische Verbindung, aber nie eine wirklich partnerschaftliche, ganzheitliche Erfüllung. Dies zeigte sich noch deutlicher, als sich ihr Partner wegen des langen Arbeitsweges anderswo ein Zimmer mietete und so während der Woche nicht mehr in ihrer gemeinsamen Wohnung lebte.

Die Frau suchte nun nach ihrer weltlichen Liebe. Sie wusste – und dies aus tiefster Überzeugung –, dass sie und ihr Freund treue Seelenpartner waren, er absolut zu ihr stehen würde und sie beide eine echte, tiefe innere Liebe füreinander empfanden. Diese Liebe gründete jedoch auf der unbegrenzten Nähe einer innigsten Verbindung, einer Verbindung, die man dem eigenen » Sich-selbst-Finden« gleichstellen konnte. Und sie wusste auch, dass es auf dieser Ebene nie mehr eine Trennung geben würde. Trotzdem war sie mit dieser Art Beziehung nicht wirklich glücklich. Dies war der Grund, mich aufzusuchen.

Während eines klärenden Gesprächs erkannte sie durch meine Ausführungen, wie es um ihre Partnerschaft wirklich stand: dass es eben eine typische Seelenverbindung war. Ich fand ihre Erzählung unglaublich spannend, entsprachen ihre Erfahrungen und Erlebnisse doch genau meinen eigenen Einsichten und Erkenntnissen, die ich in all der Zeit gesammelt hatte.

In den folgenden Jahren suchte sie, einem inneren Empfinden des Unterbewusstseins folgend, ihren wirklichen »Weltpartner«, der ihr all die weltlichen Dinge erfüllen konnte: eben die ganz gewöhnliche Partnerschaft einer irdischen Liebe. Aus dieser inneren Suche heraus ergab sich eine Bekanntschaft mit einem Mann, der vollkommen anders war als ihr Seelenpartner. Die Frau konnte sich jedoch auch in dieser Beziehung nicht auf eine enge, körperliche Ebene einlassen. Ihr Partner bedrängte sie und nahm sich Freiheiten heraus, die sie eher als Belästigung empfand denn als Freundschaft und Liebe. Sie erlebte die völlig weltliche, »materielle« Seite einer irdischen Partnerschaft. So wurde diese neue Bekanntschaft für sie zur Belastung, während die Beziehung zu ihrem Seelenpartner weiterhin die »Mitte« in ihrem Leben blieb. Dabei machte sie die erfreuliche Erfahrung, mit ihm auch über diese negative Beziehung offen sprechen zu können.

Sie hatte nun einige Mühe, diesen neuen Bekannten wieder loszuwerden, ihm klarzumachen, dass sie ihn nicht als den Mann an ihrer Seite sah. Irgendwann konnte sie die inzwischen sehr einseitig gewordene Freundschaft lösen.

Gleichzeitig ereignete sich jedoch in ihrem Leben ein weiteres prägendes Erlebnis. Ihre jahrelange enge Beziehung zu ihrem Seelenpartner erfuhr eine einschneidende Trennung. Nach einem ausführlichen, guten und einvernehmlichen Gespräch entschieden sie sich, ihren weiteren Weg wirklich getrennt zu gehen. Diese schmerzhafte Erfahrung setzte der Frau psychisch und energetisch sehr zu, obwohl sie ja eigentlich selbst völlig hinter dieser Entscheidung stand. Interessant dabei ist, dass sie sich weiterhin eine enge Freundschaft gelobten und diese nach meinen Erfahrungen ohne Zweifel aufrechthalten werden. Es sind eben zwei Seelen, die sich als inkarnierte Menschen fanden, aber nicht dazu geschaffen sind, hier ein gemeinsames Leben zu führen. Es ist nun ihre Aufgabe, den eigenen Lebensweg zu gehen, aber, und dies ist das Besondere, ihre Erfahrungen zu besprechen und als Partner im »Hintergrund« stets füreinander da zu sein, um zu lernen und sich zu ergänzen! Dualität einer Seele, die als doppelte Inkarnation auf dieser Erde weilt. Ihren weltlichen Partner wird die Frau sicher noch finden.

EINE GEHEIMNISVOLLE VERBINDUNG

Wenn Menschen ihren physischen Körper nach einer gewissen Zeit wieder verlassen, dann treten sie ihre Weiterreise als Geistkörper an.

Eine wirklich interessante Geschichte durfte ich von einer schon sehr betagten Frau erfahren. Sie hat das für sie wichtige und prägende Erlebnis stets für sich im Herzen behalten, mir jedoch für dieses Buch anvertraut. Für ihr Vertrauen und ihre bewundernswerte Offenheit bin ich ihr zu großem Dank verpflichtet. Es ist für mich ein klassisches Beispiel einer Seelenverbindung zwischen zwei auf dieser Erde inkarnierten Seelen. Noch heute ist diese Geschichte in ihrem Umfeld völlig geheim, das heißt, niemand außer ihr und mir kennt die Erfahrung, die sie gemacht hat.

Ich muss hinzufügen, dass die Frau verheiratet war und eine Tochter hatte. Ihr Mann erarbeitete sich eine für ihn wichtige Karriere in der Politik und war oft nur mit seinem eigenen Leben beschäftigt. Ein Unfall zwang ihn jedoch abrupt, sein bislang geführtes Leben völlig zu ändern. Und nicht nur das. Er wurde zum Pflegefall, und seine Frau, nur für ihn da, begleitete ihn durch die schwersten Jahre seines Lebens. Es ist in diesem Zusammenhang wichtig zu wissen, dass hier, dem Sachverhalt entsprechend, zwei völlig entgegengesetzte Geschichten existieren. Das »Finden« ihres Seelenteils geschah während dieser Zeit, die intensiven Erfahrungen mit ihm begleiteten die Frau neun Monate.

»... wir leben nur des Lebens kleinsten Teil. Denn unser ganzes übriges Leben ist Leben nicht, nur Dasein.« Seneca

Vor vielen Jahren suchte die damals 59-jährige Frau ein ganz spezielles Buch, das sie unbedingt lesen wollte. Ihr Buchhändler konnte es aber nicht bestellen, da es offensichtlich auf dem Markt nicht mehr erhältlich war. Doch er pflegte gute Beziehungen zu seiner Kundschaft, und bald informierte er die Frau, dass ein langjähriger Kunde das gesuchte Buch sowie weitere Titel habe, die sie ebenfalls interessieren könnten. Der Mann wollte sich sogar persönlich bei ihr melden, worüber sie sich sehr freute.

Einige Tage später erhielt sie tatsächlich einen Anruf. Eine unbekannte Männerstimme meldete sich, klar, sanft und mit einem Hauch von Traurigkeit in der Stimme. Sie empfand es als sehr seltsam, dass sich zwischen zwei Menschen, die nichts voneinander wussten, ein derart intensives Gespräch über Bücher ergeben konnte. Aber nicht nur das. Man sprach auch über Musik, Natur, Mineralien und dergleichen. Es war unglaublich, ja magisch, wie sie selbst formulierte. Ich zitiere: »Man glaubt dabei an eine Fügung, erhält eine untrügliche Wahrnehmung – es fühlt sich an, als schließe sich ein Kreis, der etwas Wertvolles umfasst und vollendet. Etwas, das einem gefehlt, worauf man schon lange gewartet hat. Es schließt sich dieser Kreis mit einer kleinen Veränderung, einem instinktiven Gefühl. Alles ist anders, mit dem Verstand nicht zu fassen, nur mit den Sinnen.«

Ein paar Tage nach diesem ersten Telefongespräch erhielt die Frau zu ihrer Überraschung einen Brief, nur zwei Tage später ein kleines Orchideen-Gesteck, Bücher sowie eine Grußkarte. Den Mann aber sah sie nie. Doch es folgten Telefongespräche und weitere Briefe. »Ich musste meine Gefühle kontrollieren«, sagte sie, »es war ein Staunen, eine Freude, aber es waren auch plötzlich Ängste da, Verwirrung, innere Unruhe.«

Was ich von anderen Fällen bereits wusste, wurde mir durch ihre Ausführungen bestätigt. So erzählte sie: »Unsere Gespräche am Telefon, seine ausführlichen Briefe, ließen mich jeweils in einem Gefühlschaos zurück. Und dann stand eine erste Begegnung an, der ich ja nicht ausweichen konnte. Ich wollte seine Briefe, die mich sehr verwirrten, nicht erwähnen, ich hätte auf seine Andeutungen und Fragen keine Antwort geben können.«

Das erste Treffen fand statt. Der Mann besuchte die Frau zu Hause, brachte weitere Bücher mit! Sie beschrieb ihn als sehr netten, sanften, grauhaarigen, schlanken, gepflegten und beinahe scheuen Gast. Sofort entwickelte sich ein intensives Gespräch zwischen den beiden. Es folgten weitere Treffen mit erfreulichen Unterhaltungen über Gott und die Welt, in denen sie sofort die gleichen Spannungen und Übereinstimmungen fanden. Sie sagte mir: »Ich hatte dabei wirklich die Empfindung, als wäre ich meiner eigenen Seele begegnet!« Wäre? Ich denke, es war so!

Da ich in die Briefe ihres Bücherfreundes Einblick nehmen durfte, erkannte ich sehr schnell, dass hier diese tiefe Verbindung, die Seelen zueinanderführt und zusammenbringt, deutlich zum Ausdruck kam. So steht in einem Schreiben: »... das andere Mal erklingt eine Stimme, durch die Seele brausend und dann wehmütig verklingend. Und die Ruhe ist weg ...«

Was soll man in einer solchen Situation machen? Diese Frage höre ich immer wieder, wenn Menschen mich aufsuchen. Es ist eine große Verunsicherung da, eine völlig neue Situation, die man nicht einmal ansatzweise kennt. Man hat keine Vergleichsmöglichkeiten. Wohl kennt man das Verliebtsein, die Liebe zu einem Partner oder diese starke Verbindung zu den eigenen Kindern. Aber wer je einem Seelenteil begegnet, erkennt umgehend, dass all das bislang Erlebte nur der Hauch einer wirklich verbindenden Schwingung war. Jetzt kommen Gefühle, Emotionen, Gemütsbewegungen, Erregungen, ja tiefgreifende Erschütterungen, die in die innersten Ebenen des Seins eindringen. Eben genau das, was die Seele direkt berührt, erweckt und anspricht.

»Gefühle kann man nicht durch Denken ausschalten.« Seneca

Wen wundert's da, dass ein Mensch in einer solchen Situation kaum mehr richtig zu reagieren weiß? So sehr die Frau die Telefonate, die Briefe sehnlichst erwartete, so fürchtete sie sich davor, dass die jedes Mal tief berührenden Worte etwas in ihr entstehen lassen könnten, was ihr große Angst bereitete. Angst vor einer direkten Beziehung.

Unter dem Eindruck ihrer verwirrenden Sinnesempfindungen sah sich die Frau gezwungen, all das Erlebte auf einer oberflächlichen Ebene zu belassen. Ihre wirklichen Gefühle konnte sie nicht leben. Dies zeigte sich deutlich daran, dass sie die nach ihren eigenen Worten warmherzigen und guten Gespräche immer wieder zu beenden suchte, indem sie sich eine Art Untreue vorwarf. Dabei lebte und sorgte sie nur für ihren Mann und ihre Familie. Ich lege dies als eine Verdrängung oder ein Sich-selbst-»Belügen« aus.

Begegnet man seinem Seelenteil, weckt diese unerklärliche Verbindung starke Emotionen. Man ist zutiefst berührt und erschüttert.

In ihrem Bericht schrieb sie: »Seine letzten Briefe habe ich nur einmal gelesen und sie dann sofort weggelegt. Damit habe ich versucht, mit mir ins Reine zu kommen. Es war sehr schwierig, ich habe viel geweint. Verlustängste – in meiner Jugend entstanden – haben mich wieder eingeholt, unerbittlich, ausweglos.« Danach folgte der eindrücklichste Satz: »Ich musste diese für mich kostbare Verbindung abbrechen.«

Musste sie wirklich? Aus ihrer Sicht ja, da sie sich nicht vorstellen konnte, wie wichtig diese Verbindung für sie war. Allein die Tatsache, dass sie dadurch mit ihren alltäglichen Sorgen und Aufgaben viel leichter und besser umgehen konnte, hätte ihr die Augen öffnen müssen. Die Verbindung zu dieser Seele kam ja genau zu der Zeit, als sie ihre größte Prüfung in ihrem Leben zu bestehen hatte!

Sie bat den von ihr nicht erkannten Seelenteil also um Verständnis, dass sie alles abbrechen müsse. Ihr Seelenteil, der sich der Aufgabe bewusst war, entsprach ihrer Bitte. Es folgte noch ein letzter Brief, danach war es zu Ende. »Ich war todtraurig, unglücklich«, fuhr sie fort. »Aber ich musste diese Verbindung abbrechen, bevor sie zu tief und dadurch beinahe unlösbar geworden wäre. So habe ich, was mir heute vollkommen bewusst ist, diesen wunderbaren Kreis einer mich vollkommen bestimmenden Schwingung durchbrochen!«

Fünf Jahre später las sie in der Zeitung seine Todesanzeige. Ehefrau, zwei Söhne, eine Tochter und ihre Familien gaben die sehr traurige Nachricht bekannt. »Ich war überrascht, verzweifelt und unendlich traurig, doch zu meinem eigenen Entsetzen fast erleichtert im starken Gefühl, dass dieser für mich so bedeutende, liebenswerte Mann jetzt nicht mehr wegen mir leidet.« Und weiter führte sie aus: »Diese grausame, erschreckende Endgültigkeit. Plötzlich wurde mir bewusst, dass wir nicht mehr dieselbe Luft atmen, nicht mehr unter der gleichen Sonne leben, alle Töne, alle Farben und Düfte mir fremd werden, weil ich sie mit diesem feinfühligen, seelengleich schwingenden Mann, zwar äußerlich getrennt, nicht mehr gemeinsam erfahren und erleben konnte.«

Dieses tiefgreifende Erleben führte sie mit vielen Fragen zu mir. Es ist ihr inzwischen bewusst geworden, dass sie ihrem Seelenteil begegnen durfte, ihn aber nicht als solchen erkannt und so die riesige Chance, durch diese Begegnung zu reifen und zu wachsen, verpasst hatte. Und so lauten ihre abschließenden Worte: »Jetzt bleibt mir ein Wunschtraum, dass wir uns plötzlich auf der Straße, beim Buchhändler, auf einem Feldweg, im Theater oder in einem Konzertsaal gegenüberstehen, dass ich seinem warmherzigen Blick begegne, dass ich seine Stimme höre, seinen Händedruck spüre. Seltsam, aber ich ahne ihn oft an meiner Seite.«

Nun, eines ist sicher. Sie wird ihrem Seelenteil ganz gewiss wieder begegnen – ob diesseits oder jenseits – was tut dies zur Sache?

In solchen Lebenslagen entstehen seltsame Gedanken. Ich will mit diesen Geschichten daher zeigen, wie wichtig es ist, sehr genau zu analysieren, um welche Art von Verbindung es sich bei einem solchen Zusammenfinden handelt. Eine Bekanntschaft zweier Erdenbürger ist eine alltägliche Konstellation, die auch durch das Universum gesteuert wird. Menschen kommen zusammen, verlieben sich, leben zusammen, trennen sich wieder und verlieben sich erneut. Sie erfüllen damit meist unbewusste Lebensplâne, arbeiten an karmischen Verbindungen oder machen ganz einfach neue Erfahrungen in dieser Welt. Trotz großer Versprechen von Liebe und Treue an einen Lebenspartner steht plötzlich die »große Liebe« nochmals da. Mit einem Mal wird das Leben komplizierter, verworrener. Vielleicht steigt man in das neue Lebensabenteuer ein und beginnt erneut einen Lebensabschnitt. All dies hat jedoch nichts mit Seelenteilen zu tun. Es ist mir wichtig, dies nochmals klar und deutlich zu machen.

Da wir durch unsere Erziehung und die Form der Gesellschaft sehr stark geprägt sind, ist das Annehmen eines Seelenteils äußerst schwierig. Sofort kommen die oben erwähnten Vorgaben ins Spiel. Gesellschaft, Freunde, Bekannte und vor allem Lebenspartner verstehen das kaum oder eben falsch. Auf der einen Seite haben wir heute eine bereits fortgeschrittene Offenheit gegenüber spirituellen Impulsen, durch einen erkennbaren Wandel unserer Gesellschaft verstehen immer mehr Menschen, dass nicht nur das Irdische, Materielle wichtig ist. Andererseits steht der Einzelne in seinem Lebensumfeld immer noch sehr isoliert, unverstanden und alleine da. Die breite Masse lebt allerdings noch in einem verdunkelten Bewusstseinszustand, was nicht bedeutet, dass diese Leute schlecht oder gar grausam sind. Aber ihnen fehlt noch die bewusste Seite für spirituelle Impulse und somit die Möglichkeit, das »Finden« von Seelenteilen in ihr eigenes Weltbild einzuordnen und ohne Vorurteile anzunehmen. Was man nicht lernen konnte, kann man auch nicht erkennen, umsetzen, annehmen. Und Eifersucht ist unsterblich, ja, in manchen Fällen sogar zerstörend!

Frauen und Männer nehmen dieses Phänomen ohnehin unterschiedlich wahr. Maßgebend ist natürlich immer der Stand der persönlichen spirituellen Entwicklung. Frauen kommen damit eher zurecht, da sie durch ihre Erfahrung von Schwangerschaft, Geburt eines neuen Lebens und Muttersein solche Vorgänge besser in ihr Weltbild integrieren oder »einbetten« können. Bei Männern dominiert eher das Bild von Besitz: etwas an sich nehmen, bewahren, von anderen erhalten oder fernhalten. Aber hier geht es nur noch um harmonische Schwingung, gegenseitiges Lernen und gemeinsames Wachsen, damit die angestrebte Stufe einer neuen Erfahrung erreicht werden kann. Und dies, ich wiederhole es noch einmal, in vollkommener Freiheit und uneingeschränkter Liebe.

Die eigene Spiritualität erkennen

Wie können wir mit Wesen aus der geistigen Welt in Verbindung treten und kommunizieren? Wirkliches »Sehen« gelingt nicht über das physische Auge, es muss beharrlich erarbeitet werden. Doch es eröffnet neue Dimensionen und bringt uns ungeahnte Erkenntnisse sowie große Freiheit und Freude im eigenen Leben.

LEBENSFRAGEN, DIE SICH STELLEN

DIESSEITS UND JENSEITS

Immer wieder suchen mich Menschen auf, die daran interessiert sind, offene Fragen zu unserem Leben allgemein und speziell zur Zwischenwelt oder dem Jenseits zu klären. Die umfassende »Weite« dieses Themas bildet deswegen auch einen großen Teil meiner Ausbildung in den Kursen »Die eigene Spiritualität erkennen«. Ich will demzufolge auch hier darauf eingehen und meine Erläuterungen zumindest ansatzweise aufzeigen. Als schöpferischer Geist leben wir mit unserem physischen Körper auf diesem Planeten. Wir müssen jedoch erkennen, dass wir niemals dieser Körper sind und ihn deswegen eben nur auf dieser Erde benötigen. Nach Beendung unserer weltlichen Zeit lassen wir diesen Körper wieder los – sterben nicht, sondern nehmen wieder eine neue Aufgabe in einer anderen Welter auf. Wir »reisen« ins Jenseits.

Das sogenannte »Jenseits« bezieht sich allgemein auf »andere Welten«, die durchaus auch auf anderen Planeten zu finden sind. Dass zum Beispiel bisher keine Marsmenschen gesichtet wurden, bedeutet nicht, dass sie nicht existieren. Jeder Planet bietet andere Bedingungen und wird dementsprechend von anderen Lebewesen bewohnt. Warum sollte es zum Beispiel auf dem Mars Wasser geben, wenn die Wesen dort keines brauchen? Ihre Lebensform unterscheidet sich grundsätzlich von der unseren, deshalb könnten wir nicht mit diesem Körper auf dem Mars leben und sie nicht auf der Erde. Zudem können wir ihre Lebensform nicht begreifen, da wir sie schlicht nicht kennen und deshalb auch keine Vergleichsmöglichkeit besitzen.

Zu den zahlreichen Jenseitswelten gehören auch jene Konstruktionen oder virtuellen Welten, die wir mit der absolut schöpferischen Kraft unserer Gedanken erbauen. Jeder Mensch, der eine Ausbildung zum »Zeitreisenden« durchlaufen hat, kann diese Welten besuchen. Dann zeigt sich unmissverständlich, dass jeder Gedanke einen unmittelbar in Erscheinung tretenden Schöpfungsakt darstellt. Das bedeutet, man kann seine

Umgebung nach seinem Ermessen und freiem Willen direkt beeinflussen. Es wäre natürlich töricht, Schnee zu »erschaffen«, um Ski zu laufen, während der Nachbar gerade in der Badehose in seinem Garten sitzt. Solche Freiheiten kann auch in der Jenseitswelt keiner haben, denn sie würden die Freiheiten anderer einschränken. Kurz gesagt wären dort dann dieselben Streitereien und Konflikte zu finden wie hier auf unserer schönen Erde. Also müssen die Lebensformen dieser Welten eben etwas anders ausgerichtet sein. Zum Thema »Die Schöpferkraft unserer Seele« komme ich in einem späteren Kapitel zurück (siehe Seite 134 f.).

In den niedrigen Jenseitswelten sind alle noch Befehlsempfänger. Sie reagieren nur auf das, was um sie herum geschieht, und können daher

Der Mensch ist mehr als nur sein physischer Körper im irdischen Leben. Er ist reiner, schöpferischer Geist.

kaum selbst über ihr Leben entscheiden. Das ändert sich erst, wenn es gelingt, die irdischen Dimensionen bereits während des eigenen Lebens zumindest zeitweise nach »oben« zu verlassen. Das heißt, wir müssen vermeiden, dass wir wieder in tiefere Dimensionen abfallen. Dann kann man auch im Jenseits bedeutend freier wählen, mit wem man zusammen sein will. Es muss nicht gerade im gleichen Haus sein, aber doch in einem Dorf oder einer Stadt desselben Landes. Das bedeutet, wir erfahren unsere Existenz nicht wesentlich höher oder tiefer als die anderen Bewohner dieser Jenseitswelt. Und irgendwann geht es wieder zur nächsten Inkarnation auf die Erde, um sich als Erdenmensch weiterzuentwickeln, neue Erfahrungen zu sammeln.

GANZHEITLICHE ENTWICKLUNG

Ist die Ebene des »höheren Lichtes«, das heißt, eine eigene Entwicklung von wichtigen und erforderlichen Erkenntnissen in den spirituellen Welten, einmal erreicht, muss der Mensch nicht mehr zur Erde zurückkehren. Falls er aber darin eine Aufgabe sieht, steht es ihm frei. Er kann nun selbstständig Entscheidungen treffen, sei es allein oder zusammen mit anderen. Das eigene Ego ist weit weniger anspruchsvoll, denn wer weiß, wie viele Seelen sich mittlerweile im aktuellen Ich-Bewusstsein zu einem neuen »Ich bin« zusammengefunden haben. Auf dieser Ebene ziehen es viele Seelen vor, für eine gewisse Zeit alleine zu leben. Durch die räumliche Trennung können sie selbst schöpferisch tätig sein, ohne damit andere Seelen zu stören oder sich von deren gedanklichen Schöpfungen beeinflussen zu lassen.

Am meisten Bedeutung kommt auf dieser Entwicklungsstufe der Nächstenliebe zu. Sie schwingt nun schon viel kraftvoller, sodass auch dem Nächsten etwas gegönnt wird und man sich mit den anderen arrangiert, Arbeit und Entwicklung miteinander teilt. Da es in diesen »Welten« keine Zeit gibt, hat man nun für alles Zeit! Noch hat das Lernen kein Ende, aber die weitere Entwicklung ist um einiges angenehmer geworden. Wir gestalten jetzt vieles selbst und ernten so umgehend die Früchte unserer Schöpfungskraft. Aber auch das will gelernt sein, denn ab diesem Punkt ist nur noch eine ganzheitliche Entwicklung möglich. Deswegen spricht man in den Religionen vom »Paradies«.

Wer sich selbst prüft, wird sicherlich auf Missverständnisse stoßen, die in gewisser Weise zu einer einseitigen Entwicklung führen. Wir glauben, immer wieder am selben Ort zu stehen und uns nicht weiterzubewegen, was natürlich eine Illusion ist. Jede Handlung hat eine Wirkung, unabhängig davon, auf welche Weise sie ausgeführt wird, also bewegt sich dabei auch stets etwas. Unsere Bestrebungen, Wissen und Erfahrungen zu sammeln, führen zu einer Entwicklung, die wir zum Teil gar nicht wahrnehmen. Wir sind uns selbst zu nah! So verfügen die einen über große wissenschaftliche Fähigkeiten und sehr hohe Intelligenz, aber leider fehlt es ihnen an Hingabe und Mitgefühl.

Bei anderen ist die Seele erfüllt von Hingabe, aber es mangelt ihnen an intellektuellen Fähigkeiten. Meisterschaft bedeutet, beides vollkommen entwickelt zu haben. Dies jedoch auf der Stufe unserer Seele – nichts des Gehirns! Solchen Menschen begegnen wir im Lauf der Geschichte bis in unsere Zeit unter diversen Namen. Wie heißt es doch: »Wer Ohren hat zu hören, der höre! Wer Augen hat zu sehen, der sehe!« Sich selbst zu erkennen ist ein Weg des Lernens, den jeder Mensch nach seinem Willen wählt.

VORBEREITUNG AUF DIE ANDERE WELT

So wird erkennbar, dass unsere Seele im diesseitigen wie auch im jenseitigen Leben stets eine zentrale Rolle einnimmt. Wollen wir etwas Bleibendes für uns selbst erreichen, sollten wir die Zeit auf dieser Erde nutzen und nach Gegebenheit auch hart an uns selbst arbeiten. Dabei ist es wichtig, das eigene Leben vorab zu meistern. Damit will ich aufzeigen, dass niemand einfach planlos energetisch arbeiten sollte. Denn jede Handlung hat eine direkte Folge, und wenn wir Handlungen ausführen, deren Endwirkung wir nicht erkennen können, sollten wir sehr vorsichtig sein.

Gerade mit anderen Menschen zu arbeiten, in deren Leiden und Beschwerden wir dann oft unbewusst eintauchen, kann auf uns selbst negativ einwirken, eigene Krankheiten freisetzen. Das bedeutet: Zuerst müssen wir unsere eigenen Aufgaben vollständig in den Griff bekommen, entdecken und beheben, bevor wir bei anderen Menschen negative Energiefelder lösen wollen. Das ist dann ein bedeutender Schritt, um nach dem Verlassen unseres physischen Körpers eine für uns wichtige und richtige Jenseitsebene zu erreichen.

KONTAKT MIT GEISTWESEN

DIE SPRACHE DER GEISTWESEN

Wenn es um den Kontakt mit »Geistwesen« oder »Verstorbenen« geht, wird mir sehr oft die Frage gestellt: Wie kommuniziert man mit Wesen aus der geistigen Welt?

Wir werden wohl erkennen, dass Engel oder Astralwesen, Menschen ohne physischen Körper, untereinander und in ihrem Verkehr mit uns, sich einer gesprochenen Rede oder Sprache bedienen. Also über Klang und Ton. Viele Menschen glauben, dass »sprechen« immer mittels Schall, erzeugt durch ausgesprochene Worte erfolgen muss. Dem ist durchaus nicht so. Sonst müssten wir ja, den Hunderten von vorhandenen Sprachen gemäß, jeweils verstehen, da in der Zwischenwelt alle Arten von Wesenheiten der menschlichen und göttlichen Art existieren und folglich kommunizieren. Wie diese Wesenheiten sich gegenseitig oder auch uns »ansprechen« und Informationen austauschen können, ist uns auf den ersten Blick jedoch verborgen. So wie auch nur wenige, zurzeit in einem physischen Körper Lebende, diese Wesen erkennen und »sehen« können.

Wie die Kommunikation der Geistwesen untereinander und auch mit uns erfolgt, das bleibt uns auf den ersten Blick verborgen.

Wir benötigen bekanntlich zum Sprechen unsere Zunge nebst den übrigen Sprachwerkzeugen: den Gaumen, die Lippen, Zähne, Halskehle, Lunge, Luftröhre und Brustmuskeln, welche die Grundkraft ihrer Bewegung im Zusammenspiel von dem »Ich bin« erhalten. In diesem Moment dürfen wir wieder einmal mehr über die Fähigkeiten unseres Körpers staunen.

Wenn jemand, etwas weiter entfernt, mit einem anderen spricht, muss er seine Stimme verstärken, damit er verstanden oder gehört wird. Ist er jedoch in nächster Nähe eines anderen Menschen, dem er etwas mitteilen will, kann er ihm dies ins Ohr flüstern. Könnte er jetzt den Hauch seiner Worte noch enger mit dem Hörenden verbinden, so würden diese gar keines Schalls mehr bedürfen. Die Botschaft würde ohne Geräusch in den Hörenden einströmen, wie ein Bild, das vom Auge aufgenommen wird. Bei Pflanzen – vor allem bei Bäumen – ist diese Eigenart der Kommunikation längst Standard.

Wir erkennen hier die Telepathie. Auf diese Art sprechen Seelen, die in einem physischen, materiell befreiten Körper leben. Was der Mensch mit hörbarer Stimme vermag, das bewirken sie, indem sie denen, mit welchen sie kommunizieren, nur den Sinn der Botschaft eingeben. Das geschieht, wie ich aus eigener Erfahrung sagen kann, auf eine vollkommenere Art, als wenn sie sich durch hörbare Laute ausdrücken würden. Es ist gleichzeitig eine umfassende Information mit klaren Betrachtungsweisen. Es ist ein unbeschreiblicher Vorgang auf ätherischer Ebene von Schwingungsfeldern. Also auch hier reine aufgebaute Energiefelder, wie in unserem alltäglichen Leben in anderer Form zu erfahren.

Engelwesen, wie zum Beispiel im Alten Testament des Christentums beschrieben, können auch mit hörbarer Stimme sprechen, aber nur, nachdem sie materielle Körper angenommen haben. Eine Kommunikation zwischen diversen Wesenheiten kann also immer stattfinden, mittels materiellem oder geistigem Körper. Sofern ein »Zuhörer« in unserer Nähe ist, können wir mit diesem sprechen, ob laut oder gedanklich.

Einerseits sind wir durch eigene Schöpferkraft natürlich in der Lage, Geistwesen aller Dimensionen anzurufen. Dies kann, auf sehr unangenehme Weise, zum Beispiel durch lautes, kräftiges Fluchen erfolgen. Wir verbinden uns damit umgehend mit niederen Wesenheiten, die uns dann tatsächlich zur »Verfügung« stehen. Durch innige Gebete dagegen rufen wir Wesen aus den lichten Welten zu uns, die uns dann als Helfer zur Seite stehen. Andererseits können wir auch auf unsere eigene, uns von höchster Gottheit gegebene Kraft aufbauen und unsere Fähigkeiten und Begabungen durch ein untrügliches Selbstvertrauen lenken. Die ist der wichtigste Schritt, um wirklich in der Ganzheit aufzusteigen. In diesem Fall stehen uns die »Kräfte des Lichts und der Liebe« stets heilsam und hilfreich zur Verfügung. Und wir lernen, mit »weißer« Magie zu arbeiten.

Durch ein stetes Sich-selbst-Wahrnehmen können wir auch unser »inneres Hören« entwickeln. Das setzt natürlich voraus, dass wir uns die dazu nötige Ruhe, Entspannung und Eintracht selbst geben. Meditation in allen Dingen!

Ein geistiger Körper von Engeln, Verstorbenen wie auch Dämonen ist größtenteils uneingeschränkt und überall von so feinen Schwingungen, dass er uns ohne ein Medium berühren kann. Er sieht, hört und ihm ist nichts ein Hindernis, das ihn davon abhalten könnte, mit anderen Wesen zu »sprechen«. Es ist nachvollziehbar, dass die Geister nicht auf dieselbe Weise wie wir empfinden, mit besonderen Organen. Wie Schwämme das Wasser aufsaugen, nehmen sie mit dem ganzen Körper alles Wahrnehmbare auf und setzen es in ihre eigene »Sprache« um. Wir haben hier wieder eine Angleichung in der Tierwelt. Denn viele haben ja keine Ohren, sie kommunizieren durch Schall, Energiewellen oder dergleichen. Und schließlich sind es ja auch all die Pflanzengeister, die seit Jahrtausenden diese Vollkommenheit von Kommunikation praktizieren.

ENGEL: HELFER AUS DER GEISTIGEN WELT

Beim Thema Seele und Geistwesen kommt man nicht an den allgegenwärtigen Helfern aus der geistigen Welt vorbei. Man kann sie ablehnen oder als Märchenfiguren abtun, aber sie sind trotzdem da. Ihre Existenz hängt auch nicht davon ab, ob wir an sie glauben oder nicht, geht es doch eher um Energien, die wir bewusst oder eben unbewusst wahrnehmen können. Für mich sind Engel kraftvolle göttliche Energien, die ich auch in dieser Art deutlich wahrnehmen und oft auch »sehen« kann. Als Energiewesen brauchen sie die menschenähnliche Gestalt nicht, in der sie meistens dargestellt werden. Unter Umständen können sie jedoch auch eine dem Menschen ähnliche Form annehmen. Ich erkenne sie sofort an ihrer Lichtenergie, die den körperlosen Geistwesen fehlt. Diese sogenannten Geister verstorbener Menschen haben meist eine geringe Energieausstrahlung und können deswegen oft kaum erkannt werden. Oder sie »erscheinen« den Menschen oft als dunkle, nicht unbedingt angenehme Wesen. Dazu braucht es die Fähigkeit, wirklich zu »sehen«. Unsere ständigen Begleiter, im Volksmund Engel genannt, haben jedoch immer einen Lichtglanz, der je nach Art ihrer Energie von Weißgold bis Sonnengelb variiert oder sich der astralen Ebene der menschlichen Aura angleicht. Dessen Aura-Farben reichen von zartem Hellblau über helles Violett bis zu zart strahlendem Magenta. Ab und zu verändert die Aura die Farben etwas, um sich neuen Situationen anzugleichen. Dies ist dann der Fall, wenn der Mensch positiv denkt und damit in reinere Schwingungen übertritt.

Interessant dabei ist die Tatsache, dass sich Engel in der gleichen irdischen Sphäre aufhalten, in denen auch unsere Naturgeister sind. Sie müssen ja in der noch feinstofflichen Astralebene sein, sonst könnten wir sie, als Menschen in der grobstofflichen Welt, gar nicht wahrnehmen. Naturgeister und Engelwesen haben jedoch absolut keinen Bezug zueinander. Denn Engelwesen gehören zu uns Menschen, während Naturgeister, in einem eigens geschlossenen System, der Erde angehören.

In all den Jahren meiner Arbeit, sei es in der materiellen oder geistigen Welt, durfte ich lernen, dass Ereignisse, wie sie noch in diesem Buch geschildert werden, von diesen göttlichen Energien tatsächlich wahrgenommen werden. Durch sie kommt ein Mensch direkt mit dieser Energie in Berührung, was für ihn immer hilfreich ist. Eine der intensivsten Erfahrungen einer Warnung von einem Lichtwesen durfte ich auf einer Bergstraße erfahren.

Spätnachmittags fuhr ich bei schönem, trockenem Wetter auf einer engen, kurvenreichen Straße talwärts. Die Sichtverhältnisse waren gut. Aber wegen der Felskanten, die in den Kurven immer wieder den Straßenrand einengten, sah man praktisch keine sechs Meter weit. Ich hatte mein Tempo den Umständen angepasst, doch wer Auto fährt, weiß wie schnell man auch mit geringem Tempo auf ein Hindernis auffahren kann.

Etwa fünfzig Meter vor einer dieser unübersichtlichen Kurven erblickte ich etwas oberhalb der Straße ein strahlendes Energiefeld. Es hatte tatsächlich fast menschliche Umrisse und gab mit einer deutlich sichtbaren Hand das Zeichen zum Anhalten.

Von der wie aus dem Nichts aufgetauchten Erscheinung überrascht und ihrem klaren Zeichen folgend, bremste ich stark ab und fuhr im Schritttempo weiter. Unmittelbar nach der Kurve lief ein Kuhkalb mitten auf der Straße in meine Richtung und sah mich neugierig an. Nur dank des geringen Tempos konnte ich rechtzeitig vor dem Tier anhalten. Bis heute zweifle ich nicht daran, dass ich sonst das Kalb mit dem Auto voll erfasst hätte. Mein mich begleitender Engel hatte die Lage erfasst und uns beide vor einem Unfall behütet. Solche Situationen durfte ich immer wieder erfahren. Meistens war es jedoch so, dass ich als Helfer zu Menschen in Notlagen geführt wurde. Bei diesen Erfahrungen hatte ich etwas Wichtiges gelernt: Das »innere Hören« oder die aus dem Inneren, dem Unbewussten kommenden Botschaften darf man nie ignorieren. Ich hatte jeweils ein Gefühl im »Bauch«, das für mich sogleich prioritäre Bedeutung annahm und mich nie in die Irre führte.

HELFER AM RICHTIGEN ORT

Während meiner Tätigkeit als Revierförster kam es, besonders während der Wintermonate, oft zu Begegnungen mit Waldbesitzern. Einerseits wegen vereinbarter Termine, andererseits aufgrund meiner vielfältigen Arbeiten in den Wäldern meines sehr großen Reviers. Etliche Waldbesitzer schlugen im Winter ihr Holz selbst und rüsteten es – allen Regeln widersprechend – in Alleinarbeit auf. Und oft führten solche Allein-Arbeiten zu Unfällen mit schweren Folgen.

Es war ein Wintertag im Februar, kurz nach der Mittagspause. Wie so oft war ich mit meinem Auto in einem Waldstück hoch über dem Dorf unterwegs. Auf der Straße lag etwas Schnee, weshalb ich deutlich Spuren von Reifenprofilen erkennen konnte, die ein Traktor auf die Fahrbahn gezeichnet hatte. Kurz darauf traf ich das Fahrzeug mitten auf der Waldstraße stehend an. Ein Mann war gerade dabei, zwei starke Holzstämme an einem Seil zu befestigen, die er wohl zu einem Holzlager schleppen wollte. Kurzerhand hielt ich am Straßenrand an und schritt gemächlich auf den Waldbesitzer zu.

Wir begrüßten uns und waren bald in ein Gespräch vertieft, das sich vorrangig um die Arbeiten im hiesigen Wald und den Holzmarkt im Allgemeinen drehte. Wenige Minuten später beendete er das Gespräch mit der Bemerkung, er müsse weiterarbeiten, damit er bis zum Abend fertig sei. Ich verabschiedete mich und lief zurück zu meinem Wagen. Derweil trat der Mann zwischen die Räder des Traktors, griff in die Führerkabine und drehte den Zündschlüssel. Offenbar wollte er die angehängten Stämme mithilfe der Seilwinde noch auf das am Fahrzeugende angebrachte Polterschild aufziehen. Mit diesem schweren Teil aus massivem Stahl werden die Stämme etwas von der Straße abgehoben, um sie so leichter

Die göttliche Energie, die wir als Engel, als unsere hilfreichen Begleiter, wahrnehmen können, ist allgegenwärtig.

und vor allem ohne Straßenschäden schleppen zu können. Der Motor sprang an und setzte das Fahrzeug sogleich in Bewegung. Doch offenbar hatte er aus Versehen einen Gang eingelegt gelassen.

Nun wurde ich Zeuge eines Vorgangs, den ich nie mehr vergessen werde. Wie in Zeitlupe rollte das große Traktorrad gegen den Mann, stieg auf seinen Fuß und drückte ihn gleichzeitig nach vorne. Obwohl er den Fuß noch etwas zurückziehen konnte, war es bereits zu spät. Er wurde zu Boden gedrückt und geriet sogleich unter das langsam, aber stetig rollende Fahrzeug. Wie erstarrt stand ich da, nur Sekunden, als würde vor mir ein Film ablaufen. Doch dann begriff ich, was vor meinen Augen geschah. Das schwere Rad stieg bereits auf den Körper des Waldbesitzers, und unmittelbar danach kamen die wuchtigen Baumstämme auf ihn zu. In Sekundenbruchteilen saß ich im Fahrzeug und brachte es zum Stehen. Wie ich dorthin kam, ist mir bis heute ein wirkliches Rätsel. Langsam und am ganzen Körper zitternd, stieg ich aus der Führerkabine und schaute, ob der Mann noch lebte. Das Rad war über den unteren Teil seines Körpers gerollt, stand jetzt aber wieder auf der Straße, doch der Abstand zwischen dem Kopf und dem tonnenschweren Polterschild betrug noch gerade zehn Zentimeter. Der Traktor war genau im richtigen Moment zum Stillstand gekommen, sonst wäre sein Kopf ohne jeden Zweifel zwischen Straße und Schild zermalmt worden. Über das, was die angehängten Baumstämme angerichtet hätten, wollte ich gar nicht erst nachdenken.

Nun konnte ich meine Kenntnisse in Erster Hilfe einsetzen. Nachdem er mir die üblichen Fragen richtig beantwortet hatte, holte ich erleichtert eine Decke aus dem Auto, legte sie unter seinen Kopf und deckte ihn mit seinem Mantel zu. Angesichts seiner Verletzungen war mir klar, dass ich ihn erst einmal so liegen lassen und Hilfe holen musste – mit dem Auto, denn Mobiltelefone gab es damals noch nicht. Eine halbe Stunde später war ich mit einem Arzt zurück am Unfallort. Die Ambulanz war ebenfalls alarmiert worden. Mir wurde merklich wohler, als der Arzt den immer noch unter dem Traktor liegenden Mann nach kurzer Untersuchung als nicht lebensgefährlich verletzt einstufte. Auch die Sanitäter erkannten schnell, dass er riesiges Glück gehabt hatte.

Am späten Nachmittag informierte ich mich im Krankenhaus über den Zustand des Verletzten. Das Rad hatte zwar einen Oberschenkel zweimal gebrochen und die Hüfte gequetscht, aber keine inneren Organe verletzt. Die Operation am Körper war gut verlaufen. Sein und mein Engel hatten offensichtlich dafür gesorgt, dass der Unfall »nur« ein schmerzhafter Denkzettel war, der den Waldbesitzer fortan daran erinnern sollte, mit seinen Maschinen und Geräten vorsichtiger umzugehen. Nach wenigen Monaten konnte er wieder schmerzfrei gehen.

Alles ist miteinander verwoben. Und so können wir auch einem Seelenteil begegnen, der uns als Spiegelung unserer eigenen gelebten Welt erscheint.

DEM BAUCHGEFÜHL VERTRAUEN

Als junger Revierförster, damals täglich in den steilen und von Felswänden durchsetzen Bergwäldern meiner Heimat unterwegs, erlebte ich immer wieder kritische Situationen: warnende Aufforderungen, etwas zu tun oder zu lassen, starke Gefühle eines inneren »Wissens« oder klare Weisungen, so als würde ich mir selbst einen Befehl erteilen. Bei all den Erlebnissen lernte ich immer mehr, dieser inneren Stimme, meinem »höheren Selbst«, bedingungslos zu vertrauen. Und dies behielt ich bis heute bei, da ich – diesem »Bauchgefühl« folgend – nie enttäuscht wurde. Ja, ganz im Gegenteil: Damit erreichte ich in jeder Situation genau das, was für mich, meine Familie oder auch mein Umfeld nützlich und richtig war.

In all den Jahren, in denen ich mit Hunderten von Menschen arbeiten durfte, erkannte ich schon bald, dass unser Sich-selbst-Vertrauen in den meisten Fällen die Ursache oder der wahre Grund von Fehlschlägen im Leben war. Wir sind es nicht gewohnt – haben es auch nie gelernt – dem eigenen Ich zuzuhören. Für unseren niederen Verstand – Gehirn über alles – ist es kaum fassbar, was außerhalb unseres Verstandes wirklich abläuft. Wenn der Mensch bewusst in die Welt der Intuition eintaucht, dieser doch stets vorhandenen Kraft folgt und sie entwickelt, so befindet er sich bald in einem ihm bislang unbekannten, Bereich. Ein eigener innerer Raum, in dem nicht nur eine unendliche Vervielfältigung und Ausdehnung verschiedenartigster Fähigkeiten erkennbar wird, sondern auch gänzlich veränderte Seins- und Wirkungsarten lenkend tätig sind. Ein klares Sich-bewusst-Sein und das daraus entstehende Selbstvertrauen ist meiner Meinung nach der absolute Schlüssel des Lebens.

Doch dahin müssen wir erst einmal kommen. Wir hielten stets an einer Trennung zwischen »innen« und »außen« fest und pflegen diese Sicht auch kategorisch aufrechtzuerhalten. Wir schauten sehr gerne immerzu auf das, von dem wir glaubten, es gänzlich begriffen zu haben. Und jetzt? Allmählich haben wir durch unser bewusstes »Sich-Öffnen« eine klare Veränderung in uns selbst geschaffen. Das Verständnis ist nun keinesfalls weniger geworden, sondern vollkommener. Und es kommt von innen anstatt von außen. In diesem Moment haben wir begriffen, dass unser Gehirn als Ort des Denkens eine echte Erschwernis und erkennbare Barriere für unser eigenes »Hören« ist.

Hier erkennen wir nun die merkwürdig veränderten Werte, die in allen Handlungen und Lebensbeziehungen bestimmend reichlich vorhanden sind. Es ist der Moment, in dem wir einer uns als »fremd« erscheinenden Seele begegnen, sie in ihren Tiefen erfassen können. Oder wir erkennen eine Spiegelung unserer eigenen gelebten Welt. Wir verstehen diesen Menschen nicht nur viel besser, sondern wir fühlen uns selbst durch ihn tätig. Wir schätzen seine Beweggründe wie unsere eigenen. Wir begreifen vollkommen – achtsam uns selbst gegenüber – dass dieser andere Teil von uns möglicherweise über mehr Wissen verfügt und zudem eine andere Anschauung hat oder abweichend handeln würde.

An dieser Stelle begegnen wir einem Seelenteil. So wie wir jetzt – hoffentlich – gelernt haben, uns selbst zu vertrauen, auf unser Inneres zu hören und ihm zu folgen, so lernen wir nun einen neuen Teil außerhalb unseres jetzt selbst inkarnierten Teils zu akzeptieren. Wir erkennen dabei, dass wir in allen bisherigen Entwicklungsstadien einen uns allein angehörenden Gesichtspunkt sowie unsere eigenen Charaktere und Begriffe liebevoll pflegten. Sie waren eben unser Eigen. Jetzt aber verlieren wir dieses prägende Gefühl eines persönlichen Besitzes von Eigenschaften und Begriffen, weil wir erkennen dürfen, dass diese Ausdrücke allen zukommen, da sie ein Teil der großen Wirklichkeit sind, die hinter all dem steht. Wir erfahren eine uns bislang neue »Welt«.

Wir versuchen also, diesen Seelenteil zu begreifen und gleichzeitig unser eigenes Ich zu verstehen. Auf der Ebene der Intuition erkennen wir den Grund unseres Erstaunens alsbald und deutlich. Was uns hier so unbegreiflich, ja geradezu unglaublich erscheint, verstehen wir erst in dem Moment, wo wir erkennen, dass wir selbst es sind, die diese Schwingungen auslösen. Eben einfach in anderer Form. In unserem Gegenüber spiegeln wir weitgehend unsere eigenen Wünsche, die unentwegte Suche nach dem eigenen Ich. Wir erkennen oder sehen jetzt auch Ursachen, die uns vorher – in dieser Form – verborgen waren. Wir begegnen also einem Teil von uns selbst. Einem Teil der Stärke oder Schwäche.

Es ist schon sehr spannend, wenn sich zwei Teile in der gleichen Schwingung begegnen. Aber ich denke, dass gerade nach diesen Erkenntnissen deutlich wird, dass dergleichen »Treffen« sehr wenig mit irdischer Partnerschaft zu tun haben. Dies ist auch die größte Schwierigkeit, zwischen verbindenden, sich gegenseitig anziehenden Polen und einer auf wahrer Liebe aufgebauten Partnerschaft zu unterscheiden. Die Aufgabe unseres jetzigen Lebens gilt es dabei zu ergründen; zum Beispiel: karmische Verknüpfung.

Dem einen erscheint es so, als habe er den anderen in sich eingeschlossen, teilweise sich sogar mit ihm vereint. Denn der andere »weiß« angeblich alles über uns, er »liest« uns. Doch wir befinden uns hier ganz klar in einer Art Täuschung. Eine etwas weiter gehende Forschung wird uns die Erkenntnis bringen, dass wir nur Seitenbilder eines Einzigen, eines unfassbaren, größeren Bewusstseins darstellen. All das, was wir dereinst noch für unseren Verstand, unsere Stärke hielten, waren auch immerzu die Eigenschaften seines Verstandes und seiner Stärken. Ein zweigeteilter Apfel, der in beiden Hälften dasselbe hat, aber jetzt keine Einheit mehr bildet. Mit unserem kleinen Verstand in diese unendliche Vielfalt, von Wundern geprägte »Welt« einzutauchen und sie auch noch zu verstehen, ist uns wohl hier »unten« nie gegeben. Ganz in diese Welt einzugehen bedeutet das Erreichen eines unendlich ausgedehnten Bewusstseins und das Einswerden im absoluten Vertrauen.

In dieser materiellen Welt verfügen wir ja über einen sehr vielschichtigen Körper. Interessant dabei ist doch, dass wir offensichtlich ein ähnliches Bewusstsein in unzähligen anderen Körpern in gleicher Art besitzen. Wir sind uns dessen natürlich kaum oder gar nicht bewusst. Dürften wir nur ein kleines Stück hinter die uns vordergründig verborgenen Welten schauen, wäre nicht schwer zu erkennen, dass das ganze Menschengeschlecht aus einem unendlich dicht gewobenen Feld aus Fäden besteht. Ist es da verwunderlich, dass wir mit einer Seele, die an einem anderen Ende eines Fadens weilt, plötzlich zusammentreffen?

SEELE UND SEELENWANDERUNG

DIE BEDEUTUNG DES BEGRIFFS »SEELE«

»Nichts ist in den unsichtbaren und sichtbaren Welten außer einer einzigen Macht, die ohne Anfang und Ende ist und ihrem eigenen Gesetz untertan. Versucht nicht, ihre Unermesslichkeit mit Worten zu fassen. Wer fragt, irrt schon, wer antwortet ebenfalls. Erwartet euch keine Hilfe von den Göttern. Sie sind wie ihr dem Gesetz des Karma unterworfen, werden geboren, altern und müssen den Köper verlassen, um wiedergeboren zu werden. Erwartet alles von euch selbst. Vergesst nicht: Jeder kann jene höhere Macht erlangen.«

Aus einer Predigt von Buddha

Der Ausdruck »Seele« hat in den verschiedenen Kulturen unserer Vorfahren auf der ganzen Welt vielfältige Bedeutungen, je nach den unterschiedlichen mythischen, religiösen, philosophischen oder psychologischen Traditionen und Lehren, in denen er vorkommt. Im heutigen Sprachgebrauch bezeichnet man damit oft die Gesamtheit aller Gefühlsregungen und geistigen Vorgänge des Menschen. Seele kann aber auch ein Prinzip bedeuten, von dem man in spirituellen Kreisen weiß, dass es Regungen und Vorgängen zugrunde liegt, sie ordnet und so im eigentlichen Sinne auch körperliche Vorgänge herbeiführt oder beeinflusst.

Die Seele ist, aus meiner persönlichen Sicht, hinsichtlich ihrer Existenz vom Körper und damit auch vom physischen Tod unabhängig und demgemäß unsterblich. Durch reine Liebe, in feinsten Schwingungen einer sich immer stärker verdichteten Lichtenergie, bildete sich unsere Seele. Diese – uns kaum vorstellbare Liebe – ist auch in der irdischen Ebene unserer Naturwesen zu finden. Hier erkenne ich auch das absolut Göttliche. Materie ist schlussendlich nichts weiter als stark verdichtetes Licht. Und Licht ist nichts weiter als Spiegelung der Liebe. Der körperliche Tod ist daher als Vorgang der Trennung von Seele und Körper zu deuten. In manchen Traditionen wird gelehrt, die Seele existiere bereits vor der Zeugung, was auch ich glaube und durch mein »Sehen« immer wieder bestätigt bekomme. Sie bewohnt und lenkt den Körper nur vorübergehend, das heißt, solange ein Mensch mit seinem physischen Körper hier in dieser Dichte

der Materie verweilt. So benutzt sie ihn als Werkzeug und ist in ihm wie in einem Gefängnis eingesperrt. In vielen Lehren unserer Weisen macht die unsterbliche Seele allein die Person aus, der vergängliche Körper wird als unwesentlich oder als Belastung und Hindernis für die Seele betrachtet.

Ziel der unsterblichen Seele nach dem Verlassen der Erde ist die Rückkehr und der Aufstieg zur umfassenden Einheit der jenseitigen Welt, zum göttlichen Einssein.

DIE SEELE IN ANDEREN KULTUREN

Die ältesten Überlieferungen von einer Vorstellung der Seele findet man im Griechischen und Ägyptischen. Das altgriechische Substantiv *psyché* hängt mit dem Verb *psychein* (»blasen«, »atmen«) zusammen; es bedeutete ursprünglich »Hauch«, »Atem« und daher auch »Leben«. Erstmals belegt ist dies in den zunächst mündlich überlieferten homerischen Epen *Ilias* und *Odyssee*.

Im alten Ägypten waren zur Bezeichnung dreier Aspekte des Seelischen die Begriffe »Ka«, »Ba« und »Ach« gebräuchlich. Kennzeichnend für die altägyptische Denkweise ist eine sehr enge Bindung des Seelischen an das Körperliche, auch noch über den Tod hinaus. Der bestattete Leichnam galt als weiterhin beseelbar und somit im Prinzip handlungsfähig. Damit hängt auch die zentrale Bedeutung der Mumifizierung für den ägyptischen Totenglauben zusammen.

Die religiösen und philosophischen Konzepte indischen Ursprungs beruhen teils auf der vedischen Religion, aus der sich die verschiedenen Strömungen des Hinduismus entwickelt haben. Einige Lehren stehen jedoch in scharfem Gegensatz zur Autorität des vedischen Schrifttums: der Buddhismus, Sikhismus und Jainismus.

Ein gemeinsames Merkmal aller indischen Traditionen ist, dass sie keinen Unterschied zwischen menschlichen Seelen und den Seelen anderer Lebensformen (von Tieren, Pflanzen, auch von Mikroben) machen. Im Hinduismus existieren zwei Hauptrichtungen, deren Seelenlehren trotz Harmonisierungsversuchen im Grunde unvereinbar sind: Vedanta und Samkhya.

Ein wesentlicher Unterschied zu den im Westen dominierenden Seelenauffassungen platonischen oder christlichen Ursprungs besteht darin, dass in einem großen Teil der indischen religiös-philosophischen Systeme die individuelle Seele nicht als ewig betrachtet wird. Oft wird angenommen, dass sie sich eines Tages in einer übergeordneten, unpersönlichen metaphysischen Realität (Brahman) auflösen wird, mit der sie wesensgleich ist. Das heißt: nicht vergehen, sondern in einem neuen Bewusstsein entstehen. Dieser Auffassung zufolge hat sie sich einst vom umfassenden Dasein des Brahman getrennt bzw. in die Illusion begeben, es gebe eine solche Trennung. Mit der erneuten Vereinigung endet ihre individuelle Existenz beziehungsweise die Selbsttäuschung, es gebe eine solche tatsächlich.

Hier knüpfe ich in meinem Buch an dieses Wissen an. Die Seele löst sich in dem Sinne auf, dass sie sich in eine neue, größere Einheit einbringt und somit vom eigenen Ich zum Du übergeht. Geht diese Entwicklung weiter, ist es naheliegend, dass wir eines Tages in eine allem übergeordnete, eben in die allumfassende Seele eingehen werden. Wirklicher Aufstieg ist demnach nur so möglich.

In diese Richtung zeigt auch der Buddhismus mit der Anatta-Lehre (anatta = »Nicht-Selbst«). Er bestreitet die Existenz einer Seele oder eines Selbst im Sinne einer den Tod überdauernden einheitlichen und beständigen Realität. Aus buddhistischer Sicht ist das, was den Tod überdauert und den Kreislauf der Wiedergeburt in Gang hält, nur ein vergängliches Bündel von mentalen Faktoren, hinter dem kein Personenkern als eigenständige Substanz steckt. Dieser Komplex löst sich früher oder später in seine Bestandteile auf, indem er sich fortlaufend schrittweise umwandelt. Wobei Teile ausscheiden und andere hinzukommen – aus der Spiegelung des All-Einen (man kann es auch Gott nennen) entstanden.

Hier beginnt die Dualität, die in allem erkennbar ist und den Menschen auf dem Weg zur eigenen Erfahrung stets begleitet. Ziel der Seele ist die Rückkehr zu dem Einen in Allem (angestrebtes Endziel unserer Seele). Das ist so zu verstehen, dass sich durch die Entstehung der Individuen ein großes Ganzes in immer mehr Teile aufsplittet. Und jeder Teil nahm ein Stück der allumfassenden Seele mit sich. Daher ist leicht erklärbar, weshalb sich diese Teile nach Ganzheit, also nach Rückkehr sehnen. Oft haben Menschen deswegen auch eine unerklärliche Sehnsucht nach einer Jenseitswelt, einer unbewussten »Heimat«, die einmal verlassen wurde und die sie im Jetzt nicht definieren können. Was absteigt, will zwingend auch wieder aufsteigen!

Alle Seelenteile sind also abgespaltene Teile einer Ganzheit. Als Individuum erkenne ich mein jetziges »Ich bin«. Unsere Eingeschränktheit, alle diese Wirklichkeiten zu erkennen und sinnvoll zu überblicken, hindert uns daran, diese »Überwelt« zu begreifen, obwohl wir mit allem immer und beständig verbunden sind. Es übersteigt unsere eigene Weltsicht um Äonen. Und doch lebt in unserem Kern das unerlöste Verlangen einer steten, angestrebten Entwicklung, eines »Zusammenfügens« unserer aufgespaltenen Seele.

DIE VOLKSSEELE

Wie ich schon im zweiten Teil, »Das Geheimnis unserer Seelen«, erwähnte, haben nicht nur einzelne Seelen diverse gegenseitige Verbindungen und Beziehungen. In diesen, uns sehr nahen Bereich gehören auch die Ahnen, auf die ich am Anfang des Buches eingehe, da sie in unserem eigenen

Ebenso, wie sich in der nach ihren Gesetzen lebenden Natur überall Verbindungen zeigen, fühlen auch wir uns einer großen Gemeinschaft zugehörig.

Leben eine sehr bedeutende Rolle spielen.

Äußerst interessant ist auch die Tatsache, dass wir nicht nur in unsere Verwandtschaft inkarnieren, sondern auch, gemäß unserem eigenen Lernauftrag, ein Land oder eine momentane Bevölkerung an einem bestimmten Ort aufsuchen. So lassen wir uns in ein Volk gebären, das in seiner Kultur unserer eigenen Seele entspricht. Wir erleben so einen Stamm, eine Dorfgemeinschaft, eine Volksgruppe, die für unsere eigene Entwicklung wichtig sind. Hier können wir zum Beispiel ein Gefühl des Zusammengehörens erfahren, Verbundenheit mit einer Gemeinschaft, zu der wir gehören. Nicht von dieser Verbundenheit abzutrennen ist dann unsere Empfänglichkeit für Kultisches. Wir erfahren dadurch auch die Tatsache, für das Schicksal aller Angehörigen Mitverantwortung zu tragen.

So entsteht eine Gemeinschaft, in der jeder Einzelne wichtig ist, obwohl er ein anderes Grundwesen, einen eigenen Charakter, andere ihm vom Übergeist und von den Ahnen geschenkte Anlagen mitbringt. Alle diese Eigenschaften und Kräfte stammen aber, trotz ihrer erkennbaren Unterschiede, aus dem gleichen, sie beseelenden und damit erzeugenden Lebensfeuer. Sie bilden also, trotz aller Besonderheiten und Eigenarten sämtlicher Mitglieder einer Gemeinschaft, die gemeinsame »Seele eines Volkes«. Die einzelnen Seelen stehen zurück und wirken dauerhaft zusammen, ergänzen sich, damit die Kraft der Gemeinschaft bei allem Tun in der notwendigen Vielfalt eine Einheit bildet. Die Volksseele bewegt sich also ihrerseits auch vorwärts in eine Zukunft. Gemeinsamkeit in Kult, gelebter Magie oder Ritualen bedeutet hier eben nicht nur ein äußeres Bekenntnis, sondern ein tiefes Wirken einer Volksseele nach einer seit jeher, schon in fernsten Ahnenzeiten herrschenden Erkenntnis heraus.

Sie verbindet sich nicht nur mit sich selbst, sondern auch mit sämtlichen Geschöpfen ihrer Umgebung. So wird und bleibt sie ein starker Teil im endlosen Austausch sich gegenseitig ergänzender Kräfte.

INKARNATION UND SEELENVERWANDTSCHAFT

Als ein solch aufstrebender Seelenteil werden Inkarnationen durch unser Unterbewusstsein stetig weitergeführt, um immer wieder neue Erfahrungen zu sammeln. Diese Weiterentwicklung kann auf dieser Erde oder auf einer anderen, bedeutend entwickelten Ebene einer jenseitigen Welt stattfinden.

Durch die Inkarnation in eine »weltliche« Familie entsteht eine sogenannte »Seelenverwandtschaft«. Diese kann von »sehr nah« bis »weit entfernt« alle Stufen beinhalten. Es sind Teile, die auf ihrem Erfahrungsweg schon sehr ähnlich oder sogar gleich mit einer anderen Seele schwingen. Dabei erfolgt ein stetes Lernen voneinander. Doch dass Seelen auf der Erde in eine Familie inkarnieren, heißt nicht zwingend, dass diese Seelen »verwandt« sein müssen. Es gibt hier alle Stufen von Nähe. Seelenteile, die meist zusammengehören, sind zum Beispiel eineiige Zwillinge oder Drillinge. Zweieiige Zwillinge hingegen können bereits sehr »weit entfernt verwandt« sein.

Unsere Seele, ich nenne sie hier »Lichtkörper«, erfährt all die Inkarnationen wie einen Kreis um sich. Alle gelebten, durchlebten Inkarnationen sind als Erfahrung grundsätzlich von unserem Ich stets abrufbar. Es ist für den Menschen somit nicht hilfreich, in eine der Inkarnationen »einzudringen«, sie als wichtig und aufschlussreich zu erachten. Für seine absolute Entwicklung müsste er alle je gelebten Leben abrufen und analysieren können.

Da der Mensch jedoch für diese Inkarnation alles Wichtige in seinem »Rucksack« eingepackt hat, ist es nun vor allem entscheidend, dass er sich mit diesem »Jetztleben« auseinandersetzt und nicht in unbekannten Räumen forscht. Damit schafft er sich schlussendlich nur noch mehr Probleme. Dies hat sich während meiner langjährigen Tätigkeit mit Klienten in meiner Praxis vielfach bestätigt.

DAS NEUE »ICH BIN«

Als Individuum treten wir als »Ich« in dieser Welt auf. Dabei vergessen wir, dass wir Teil eines zusammengehörenden Ganzen sind. Einerseits eines Ganzen in uns selbst – in der Dreiheit von Körper, Unterbewusstsein und Seele. Andererseits auch verbunden mit der umfassenden Einheit des ganzen Universums.

Wir hätten, ja haben wirklich alles, was da ist, zur Verfügung. Die ganze schöpferische Kraft liegt also in uns selbst. Und doch entsteht in uns oft das Gefühl einer inneren Leere, weswegen wir uns einsam, von allen verlassen fühlen. Wir nehmen nicht wahr, dass wir sowohl unseren freien Willen besitzen, als auch in einem umfassenden Ganzen eingebettet sind. Aktivieren wir diese für uns bereitstehende Energie, das heißt unser im tiefsten Innern vorhandenes Wissen, können wir etliche Aufgaben einfacher und leichter lösen respektive erarbeiten. Und so entsteht umfassende Freude.

»Ich bin« kann heißen, dass ich längst wieder aus mehreren Teilen bestehe: aus Seelenteilen, die sich auf der »Rückreise« bereits zusammengeschlossen haben. Die Entwicklung einer Seele macht diverse und vielfältige Stufen durch:

- Abspaltung kann bedeuten, dass sich von bereits zusammengefügten Seelen ein Teil durch eine besondere Situation (Schock, Unfall, stark einwirkendes Ereignis) wieder abtrennt. Dieser Teil wird aber nicht als eigenständige Seele »leben« können und sucht deshalb die möglichst baldige Rückkehr zum »Ganzen«, aus dem er gekommen ist. Diese sogenannte »Integration« kann nach kurzer Zeit selbstständig geschehen. Oft findet dies während des jetzigen Erdenlebens statt. Ein Seelenteil kann auch durch Menschen, die mit geistiger Arbeit vertraut und bemächtigt sind, aufgesucht und wieder »eingesetzt« werden. In dem Fall spricht man von sogenannten »Seelenrückführungen« bei Menschen. Seelenteile, die so zusammengefunden haben und jetzt zusammengehören, entwickeln sich als gemeinsames »Ego«, als ein gestärktes Bewusstsein eines neuen »Ich bin«.
- Individuell inkarnierte Seelenteile können auch gleichzeitig, unabhängig voneinander, eine Entwicklung durchmachen. In der Regel bleibt ein Seelenteil in der »Jenseitsebene«, während der andere auf dieser

Erde inkarniert ist. Ein bewusstes Zusammengehen ist nach der Rückkehr des inkarnierten Seelenteils wieder vorgesehen.

- Manchmal ist ein Seelenteil auch gleichzeitig mit einem anderen auf dieser Erde inkarniert, man spricht dann von »Dualseelen«. Das kommt in unserer Zeit des Umbruchs immer häufiger vor. Diese dualen Seelenteile werden sich nach dem Verlassen ihres irdischen Körpers in einer Jenseitsebene zusammenfügen. Zwei Egos lösen sich auf und es entsteht ein neues Ich. Wer diesen Vorgang wirklich begreifen und erfassen kann, wird staunend erkennen, dass dies eine ungeahnte Bewusstseinserweiterung, einen wahren Bewusstseinssprung auslöst.

So wie jeder einzelne Baum ein Teil im großen Verbund der Natur ist, so sind auch wir als Individuum in ein Ganzes eingebettet.

Es gibt also häufig die Situation, dass sich zwei Seelenteile gleichzeitig auf dieser Erde inkarnieren, um eigene Erfahrungen zu sammeln, Aufgaben zu erfüllen, unerledigte Vorgaben aufzulösen. Sie bestehen ihrerseits bereits aus zusammengefügten Seelenteilen. Dies führt dazu, dass ein weiteres Zusammengehen nach dem Verlassen der Erde einen weiteren »Aufstieg« ihres Bewusstseins auslöst. Zwei erfüllte Leben werden zu einem

Ganzen, und mit dieser Erfahrung, diesem Wissen kann nun ein neues »Ich bin« seine umfassendere Entwicklung beginnen. Auf diese Weise können im Laufe der Zeiten weitere Seelenteile integriert werden, was nichts anderes bedeutet, als dass diese »Ich-bin«-Bewusstheit immer vollkommener wird, das heißt, Schritt für Schritt aufsteigt zum göttlichen Eins-Sein. Dem Endziel aller einst abgestiegenen Seelen.

Leider, das muss ich hier ebenfalls erwähnen, kommt es auch heute immer noch zu Trennungen und Abspaltungen von Seelen. Der Abstieg von Seelenteilen ist noch keineswegs beendet, und deswegen werden auch immer wieder absteigende »niedere«, dunkle« Seelen in den Welten des Kosmos anzutreffen sein. Jedem Wesen ist schließlich ein freies Handeln gegeben. Entstehen bewusste Abspaltungen eines Ganzen, werden diese nun selbstständig agierenden Seelen zu Wesenheiten. Der eine Teil entwickelt sich im geistig guten Bereich, folgt einem höheren Level. In ihrem Tun und Lassen können sie aber auch »Gaddafis«, »Stalins« oder Ähnliches werden. Niemand hindert sie daran. Doch es ist kaum anzunehmen, dass diese Seelen nach dem Verlassen ihres Körpers sich in die höchsten Lichtebenen aufschwingen werden.

DIE SCHÖPFERKRAFT UNSERER SEELE

Eine Seele kann ihrer Fantasie folgen und diese von schwach bis stark ausformen. So ist sie absolut in der Lage, nicht allein den eigenen Körper zu verändern, sondern ihr Einfluss kann sich auch auf fremde Körper übertragen. Dadurch können positive wie negative Wirkungen auf die Elemente und auf äußere Dinge erzeugt werden. Diese bewusste, manchmal auch unbewusste Kraft kann Krankheiten des Geistes oder des Körpers heilen oder eben hervorrufen. Letzteres geschieht leider immer wieder. Die Leidenschaften der Seele sind die Hauptursache für das Befinden eines Körpers. Eine stark bewegte und durch lebhafte Einbildung erregte Seele sorgt nicht allein in ihrem eigenen, sondern auch in fremden Körpern für Gesundheit oder Krankheit. Erregungen der Fantasie, sobald sie eine gewisse Festigkeit erlangen, werden so zu einer schöpferischen Macht. Wenn Magier Schaden anrichten wollen, so vermögen sie dies alleine schon durch einen gezielten starken Blick, mit dem sie einen Menschen danach in jede Richtung manipulieren können. Wie heißt es doch im

Volksmund so schön: »Wenn Blicke töten könnten ...!« Das »Übernehmen« einer Energie kann deswegen auch zwischen Menschen erfolgen, die dem anderen gegenüber offen sind. So reicht bereits die Ausdünstung eines anderen kranken Körpers für eine »Ansteckung«. Genau so kann aber durch die Kraft der Seele eine Krankheit verhindert oder abgeleitet werden, auch wenn sie sich mitten in »verseuchten« Energiefeldern aufhält.

Der Einfluss der Seele ist groß und kann sich positiv und negativ auf die Umgebung, auf den eigenen wie auch auf fremde Körper auswirken.

Man darf sich daher nicht wundern, dass Körper und Seele eines Menschen durch die Seele eines anderen auf ähnliche Weise angegriffen werden kann. Eine Seele ist eben weit mächtiger, stärker, größer, bedeutender und beweglicher als beispielsweise die von einem Köper ausströmenden Gerüche. Es fehlt ihr auch nicht an Möglichkeiten, durch die sie wirken kann. Zudem hat eine fremde Seele über einen Körper mehr Gewalt als ein fremder Körper. Auf diese Weise kann der Mensch durch seinen Gemütszustand und Charakter auf einen anderen wirken. Daher ist es nachvollziehbar, dass man den Umgang mit nicht freundlich gesinnten und unglücklichen Menschen möglichst meiden sollte. Ihre von schädlichen Strahlen erfüllte Seele infiziert ihre Umgebung auf eine unheilvolle Weise. Ist man jedoch in Gesellschaft glücklicher, gut aufgelegter Menschen, kann schon allein ihre Nähe uns selbst in diese Schwingung bringen. Die Seele ist also nicht nur durch die eigenen innerlich erzeugten Kräfte in Schwingung, sondern auch stets durch Einflüsse jeder Art von außen.

REGISTER

A

Abspaltung 53, 59 f., 60, 67, 132, 134
Ahnen 10, 12 f., 15 f., 18, 58, 129 f.
All-Eines 6, 37, 58, 129
Anderswelt 14, 16, 35, 71, 75, 79
Astralkörper 22, 24 f., 29 f.
Aura 68, 119

B

Bauchgefühl 123
Baumwesen 42 ff.
Bewusstsein 4, 6 f., 19, 23, 25 f., 33, 37, 45, 53 f., 57 ff., 62 ff., 71 f., 74, 80, 83, 86, 109, 114, 125, 128, 132 f.
Buddhismus 14, 128 f.

D

Diesseits 4, 14 f., 48, 62, 108, 112
Doppelgänger 57, 60
Dualität 54, 104, 129
Dualseele 5, 60, 92, 133

E

Einheit 5, 9, 16, 36, 45, 53 f., 57 ff., 64, 66 f., 71, 73 f., 80, 125, 127 f., 130, 132
Eins-Sein 66, 134
Elemente 21, 34, 42, 44 f., 45, 72, 134
Energie 16, 25 f., 33 f., 36, 38, 43, 62, 71, 84, 86, 98, 118 ff., 132, 135
Energiefeld 33, 43, 50, 54, 78, 115, 117, 119, 135
Engel 18, 93, 116, 118 ff., 123
Entfremdung 44 f.
Ernährung 21

F

Familie 5, 7, 12, 14, 18, 24, 46 f., 58 f., 83 ff., 89, 92, 95 f., 98, 101, 107 f., 123, 131
feinstofflich 15, 22, 33 f., 36, 59, 62, 68, 78, 119

G

Ganzheit 36, 45, 54 f., 57, 59, 71 f., 74, 117, 129
Geist 4, 6 f., 9, 11, 13, 16, 18, 21, 23 f., 32 f., 36, 41 f., 57, 62, 64, 68, 73 f., 80, 112 f., 118, 134
Geistkörper 22, 24 f., 32 f., 35, 72, 104
Geistwesen 4, 7, 13, 15, 18 f., 22, 24 ff., 36 f., 37, 47, 50 f., 72, 80, 92, 98, 116 ff.
Gott 6, 54, 64, 66, 106, 129
Gruppenseele 13, 15 f.

H

Heimat 57, 90, 123, 129
Hinduismus 14, 128

I

Ich 6, 11, 16, 30, 57, 59 f., 62 ff., 67, 71, 78 ff., 83, 116, 124 f., 128 f., 132 ff.
Ich-Bewusstsein 7, 57, 59, 62, 67, 71, 114
Inkarnation 14, 16 f., 19 f., 54, 59, 60, 67, 70 ff., 75, 78, 81, 92, 97, 99, 104, 114, 131
Intelligenz 19, 42, 115
Intuition 58, 123 f.

J

Jenseits 4, 6 f., 14 ff., 27, 29 f., 47 f., 59, 62, 67, 74, 79, 86, 108, 112 ff., 132 f.

K

Karma 54 f., 72, 126
Körper, physischer 6, 13, 19 ff., 25 ff., 35, 62, 78, 98, 104, 112 f., 115 ff., 126

L
Leib, ätherischer 22
Leib, irdischer 22
Licht 11, 33, 64 f., 68, 93, 126
Lichtenergie 118, 126
Liebe 14, 30, 43, 45, 64 ff., 81 ff., 97, 102 f., 109, 117, 125 f.

M
Magie 42, 48, 74, 117, 130, 134

N
Nächstenliebe 114
Naturgesetze 11, 33 f., 44
Naturwesen 7, 19, 35 ff., 45, 126
Numerologie 20, 66

P
Pflanzenwesen 35
Polarität 62 ff., 66

S
Schamanen 75
Schöpferkraft 45, 62, 86, 113, 117, 134
Schöpfung 5, 10, 17, 24, 32 f., 36 f., 46, 63 f., 112, 114
Schwingungen 21 f., 24 ff., 29 f., 32 ff., 41, 43 ff., 50, 57, 62, 64, 66 f., 70 f., 71, 74, 78, 83, 85, 91, 135
Seele 5 ff., 14 f., 54 ff., 71 ff., 113 ff., 126 ff.
Seelenpartner 55, 82 ff., 86, 88, 102 f.
Seelenrückführung 60, 132
Seelenteil 59 f., 65, 73 ff.
Seelenteile finden 68 ff.
Seelenteile integrieren 71 ff.
Seelenteile, abgetrennte 52, 55
Seelenteile, inkarnierte 78 ff.
Seelenverbindung 58, 80 f., 91, 103 f.
Seelenverwandtschaft 16, 58 f., 81, 131
Seelenwanderung 126 ff.
Sehende 18, 24 f., 29, 39, 95
Spiritualität 111 ff.
Sprache 116 ff.
Stammbaum 12
Symbiose 36 f., 44

T
Telepathie 47 f., 117
Tod 5 f., 14 f., 20, 22, 28, 30, 97, 108, 126, 129

U
Unbewusstes 41, 57, 68, 72, 80, 93, 98, 108, 115, 118, 120, 129, 134

V
Volksseele 58, 129 f.
Vorbild 46 ff.
Vorfahren 6 f., 12, 58, 126

W
Welt, geistige 15
Wiederfinden eines Seelenteils 78, 91
Wiedergeburt 6, 54, 71, 74, 129
Wille 5, 7, 26 f., 34, 54, 68, 72, 113, 115, 132

Z
Zwischenwelt 18, 29, 60, 74 f., 112, 116

ZUM WEITERLESEN

Fischer-Rizzi, Susanne: Das Geheimnis deines Ortes. Anleitung zum heimisch werden, Stuttgart: Kosmos 2020.

Fuchs, Christine/Hess, Sam: Rituelle Hausräucherung. Räume, Häuser und Büros energetisch reinigen, Stuttgart: Nymphenburger 2019.

Krämer, Susanne: Am Saum des Himmels. Meine Reise zu den Schamanen des Himalaya, Stuttgart: Nymphenburger 2021.

Stoehr, Guntram: Die Natur als Kraftort. Heilsame Plätze erspüren und ihre Energie erfahren, Stuttgart: Nymphenburger 2020.

Storl, Wolf Dieter: Ich bin ein Teil des Waldes. Der Botschafter der Pflanzen erzählt sein Leben, Stuttgart: Nymphenburger 2021.

Storl, Wolf Dieter: Die Seele der Pflanzen. Botschaft und Heilkraft aus dem Reich der Pflanzen, Stuttgart: Nymphenburger 2018.

Stumpf, Ursula u. a.: Mythische Bäume. Kulte und Sagen, Heilkunde und Nutzwerte, traditionelles Handwerk, Stuttgart: Kosmos 2017.

DANK

Ein herzliches Dankeschön an all die Menschen, die mich mit ihrer Motivation und Unterstützung ermuntert haben, dieses Buch zu schreiben. Auch allen, die zu diesem Buch beigetragen haben: Stefan Raps als Projektbetreuer, Eva Eckstein, Lektorat, Vreny Hess für die Aufnahmen und Bereitstellung all der gelungenen Fotos, Pier Hänni für seine Beiträge.

BILDNACHWEIS

Mit 51 Farbfotos von Vreny Hess-Kurmann

IMPRESSUM

Umschlaggestaltung von Gramisci Editorial Design, München / Claudia Geffert unter Verwendung eines Farbfotos von shutterstock/tomertu.

Mit 51 Farbfotos.

Diese Ausgabe ist eine vom Autor erweiterte und aktualisierte Fassung seines Buches „Verbindung in die jenseitige Welt", erschienen 2013 im AT Verlag.

Gedruckt auf chlorfrei gebleichtem Papier

ISBN: 978-3-96860-045-1
Projektleitung: Dr. Stefan Raps
Lektorat: Dr. Eva Eckstein
Satz: Katrin Kleinschrot, Stuttgart
Produktion: Angela List
Druck und Bindung: Westermann Druck Zwickau GmbH, Zwickau
Printed in Germany / Imprimé en Allemagne

Heilung und Stärkung durch die Natur

Die erfahrene Naturmentorin und Ritualleiterin Sina Lucia Kottmann eröffnet dir einen tiefen Zugang in die Kraft der Elemente. 80 Praxisanleitungen für Wahrnehmungsübungen, Rituale und Meditationen ermöglichen es dir, die Qualitäten von Luft, Wasser, Feuer, Erde und des geheimnisvollen Äthers kennenzulernen und zur Selbstheilung anzuwenden. Neben den Anwendungen vermittelt die Autorin spannendes Hintergrundwissen zu den naturwissenschaftlichen, kulturellen und spirituellen Aspekten des Themas.

Sina Lucia Kottmannt
DIE KRAFT DER ELEMENTE
208 Seiten · ISBN 978-3-96860-028-4

nymphenburger

kosmos.de/nymphenburger

ÜBUNGEN

3

Den Astralkörper (Geistkörper) sehen lernen

Kreative Visualisierung: Wenn wir die ersten Übungen (siehe Umschlagklappen vorne) beherrschen, können wir diese Fähigkeit nun weiter ausbauen. Auf dem Boden oder einem Bett liegend stellen wir uns vor, wie sich unser Astralkörper leicht von unserem physischen Körper abhebt. Wir »beobachten« dies nun wirklich, erstellen dies nicht durch Gedanken. Dabei beobachten wir alles bis in das letzte Detail, auch unsere nächste Umgebung. Indem wir dies tun, sollte sich das Gefühl oder die Wahrnehmung, auf dem Fußboden oder dem Bett zu liegen, allmählich auflösen. Die Gedanken, in einem festen Körper zu sein, müssen dabei mehr und mehr ausgeblendet werden. Wir fühlen uns erkennbar leichter, nicht mehr erdgebunden.

Konzentration auf den Astralkörper: Wir schenken diesem Vorgang zunehmend unsere absolute Aufmerksamkeit und erkennen alsbald, wie dieser sich sanft und leicht aus den körperlichen Verankerungen löst und nun in der Luft – leicht über unserem physischen Körper – schwebt. Vielleicht gelingt uns diese Übung schon sehr schnell, oder aber wir müssen mehrere Male beharrlich daran üben. Denn das Im-Körper-eingeschlossen-Sein wird am Anfang sehr stark wirken. Hier ist auch zu berücksichtigen, dass jeder Mensch individuell stark mit seinem physischen Körper verbunden ist. Aber ein Erfolg wird uns durch konzentriertes Arbeiten sicher sein.

Wichtig: Wir dürfen uns dabei gedanklich nie in Unsicherheit begeben, diese Übung könnte dazu führen, dass wir nicht mehr in unseren physischen Körper zurückkehren. Dies ist in keinem Falle so, denn unser Lebensplan bestimmt, wann wir unseren materiellen Körper endgültig verlassen. Also keine Angst: Es geschieht nichts, was uns auch nur im Geringsten schaden könnte.